中国少数民族人口丛书

水族

翟振武 主编

王光荣/编著

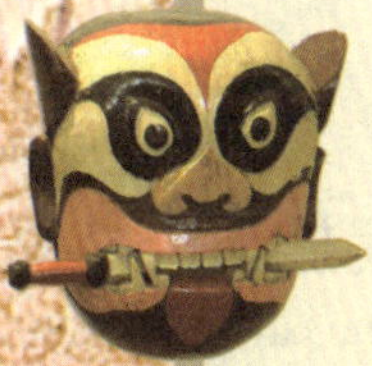

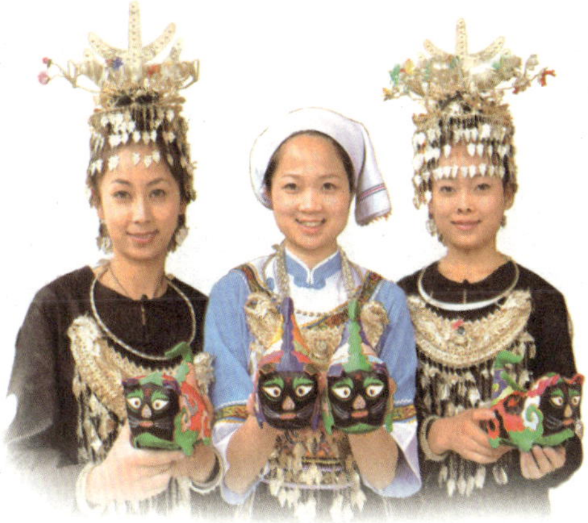

中国人口出版社
China Population Publishing House
全国百佳出版单位

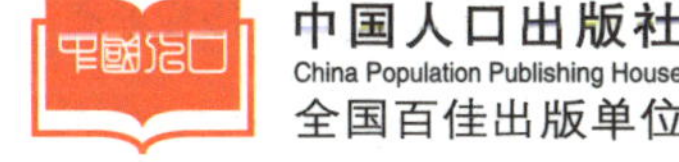

图书在版编目（CIP）数据

水族/王光荣编著．—北京：中国人口出版社，
2014.6（2022.7重印）
（中国少数民族人口丛书）
ISBN 978-7-5101-2570-6

Ⅰ.①水… Ⅱ.①王… Ⅲ.①水族—民族历史—中国
Ⅳ.①K286.9

中国版本图书馆CIP数据核字（2014）第110585号

中国少数民族人口丛书　水族
ZHONGGUO SHAOSHU MINZU RENKOU CONGSHU　SHUIZU
翟振武　主编　　王光荣　编著

责任编辑　张宏文
美术编辑　刘海刚
责任印制　林　鑫　王艳如
出版发行　中国人口出版社
印　　刷　北京兴星伟业印刷有限公司
开　　本　710毫米×1000毫米　1/16
印　　张　8.75　插1
字　　数　120千字
版　　次　2014年6月第1版
印　　次　2022年7月第2次印刷
书　　号　ISBN 978-7-5101-2570-6
定　　价　38.00元

网　　址　www.rkcbs.com.cn
电子信箱　rkcbs@126.com
总编室电话　(010) 83519392
发行部电话　(010) 83510481
传　　真　(010) 83538190
地　　址　北京市西城区广安门南街80号中加大厦
邮　　编　100054

序

如果把一个民族比作一颗星星，那我们就是生活在一个繁星满天的世界。当今世界上有约 3000 个民族，分布在 200 多个国家和地区，绝大多数国家由多个民族组成。中国也是同样，是由各族人民共同缔造的统一的多民族国家。在漫漫的历史长河中，生活在中华大地上的各族人民密切往来、交流融合、团结奋斗、休戚与共，形成了一个伟大的强盛的中华民族大家庭，共同开发了祖国的美好河山，共同推动了国家的发展和社会的进步。

在中华民族的大家庭中，有 56 个成员，其中有 55 个是少数民族。新中国成立以来，少数民族人口一直持续增长。1953 年第一次全国人口普查时，少数民族人口总数为 3532 万人，占全国总人口的 6.1％。2010 年进行第六次全国人口普查时，少数民族人口总量达到了 1.14 亿，几乎是 1953 年的 3 倍，占到了全国 13.4 亿人口的 8.5％。各少数民族人口数量相差较大，如壮族有 1693 万人，回族 1059 万人，满族 1039 万人，维吾尔族 1007 万人，而赫哲族只有 5354 人，塔塔尔族 3556 人，独龙族 6930 人。中国各民族的人口分布呈现大散居、小聚居、交错杂居的特点。汉族地区有少数民族聚居，少数民族地区也有汉族居住；许多少数民族既有一块或几块聚居区，又散居全国各地。中国少数民族聚居区大都地广人稀，资源富集。少数民族地区的草原面积，森林和水力资源蕴藏量，以及天然气等基础储量，均超过或接近全国的一半。全国 2.2 万多公里陆地边界线中的 1.9 万公里在民族地区。全国的国家级自然保护区面积中民族地区占到 85%以上，是国家的重要生态屏障。中国各民族的起源和经济、社会、文化的发展有着本土性、多元性、多样性的特点，五彩缤纷，丰富多彩。

要全面认识中华民族，就要从认识每一个民族开始。正是从这个理念出发，我们编写了这套《中国少数民族人口》大型系列丛书，力图从历史、文化、经济、社会等各个方面，用准确、科学、生动的语言，全方位描述和展现各少数民族灿烂辉煌的历史和现状，编织出一幅绚丽多彩的中华民族大家庭的“全家福”。

编写这样一套大型系列丛书，难度非同一般。几经论证和深入研讨，最终形成了编写大纲，这套丛书各个分卷的作者绝大多数由少数民族作家担任，他们不仅熟悉自己民族的历史和文化，而且对本民族有深厚的感情。在国家新闻出版总署、国家人口计生委和中国人口出版社的大力支持下，作者们历经数年，几易其稿，终成此书。值此丛书出版之际，我们衷心地祈愿这幅“全家福”能为民族的交流和团结，为中国的文化建设，为整个中华民族的繁荣昌盛，作出一份微薄的贡献。

翟振武

2012 年 5 月于北京

PREFACE

Every nationality sparkles like a star in the firmament. Now we have about 3000 stars distributed across the world in more than 200 countries, most of which are multinational. So is China, which consists of a number of nationalities. For centuries, all the nationalities have lived together, worked together and fought together, making China a prosperous unified multinational country.

Of all the 56 nationalities in China, 55 are minorities whose population has been increasing since the founding of The People's Rcpublic of China. According to the first census in 1953, the minority population was about 35. 32 million, accounting for 6. 1 percent of China's total population. By 2010, the number had almost tripled. According to the sixth census, the population of the minorities amounted to 114 million, making up 8. 5 percent of the 1. 34 billion people in China. The population size of minority groups varies a lot. Some of them have a large population, for example, the Zhuang Nationality has a population of 16. 93 million; the Hui has 10. 59 million people and the Manchu consists of 10. 39 million people. Some of the minorities are quite small, such as the Hezhe, the Tatar and the Drung nationalities, which have populations of 5354, 3556 and 6930, respectively. China's nationalities live together over vast areas with some living in individual, concentrated communities in small areas.

Some minorities'concentrated communities are scattered among the Hans, and some Han people also live in the minority communities. Some minorities may have one or more concentrated communities, while their people spread all over the country. Most minorities'concentrated communities have their people sparsely distributed in large areas with abundant resources. The grassland, forest, water and natural gas reserves in areas inhabited by minority people account for about half of China's total. Further, 19 000 kilometers of the nation's 22 000-kilometer land boundary are in minorities'communities. In addition, 85 percent of the country's state-level natural reserves are in the minority areas, making the people important guardians of China's ecology. Each of the nationalities'origin is unique, and their development of economy, society and culture is full of variety.

Only by learning every aspect of the minorities'lifestyle can we have a comprehensive understanding of the Chinese nation. Under this notion, we write this series of books on the Population of China's Minorities to provide a detailed picture of our Chinese nation, with the glorious past and prosperous present of the country's minorities.

It is through trials and tribulations that we write this spectacular series of books. Most of the authors, who have profound knowledge of the minorities and wrote the books with their strong emotions, are members of minority groups. With the great support of the National Publication Foundation, the National Population and Family Planning Commission and China Population Publishing House, the authors completed the books after years of unremitting endeavor.

On the publication of this series of books, we are looking forward to seeing these books contribute to the unity of the Chinese nation and help our country flourish in the future.

Zhenwu Zhai

Beijing

May 2012

目录

Contents

综　述

水族，是中国西南和南方地区少数民族之一。据2010年第六次全国人口普查统计，全国水族总人口为411 847人。主要聚居于贵州省黔南布依苗族自治州的三都水族自治县和荔波、都匀、独山以及黔东南苗族侗族自治州的凯里、黎平、榕江、从江等县，少数散居在广西壮族自治区的融水、宜州、南丹、环江、都安及来宾等县市。云南曲靖市富源县也有数千水族人。主要从事农业生产，以种植水稻为主，“九阡酒”是水族传统佳酿。

远古时期，在南方沿海、沿边的大地上，有一群自称“睢”和“人睢”的族群，他们就是如今活跃在广西、贵州两省区，并在全国31个省市、自治区内都能找到他们同族兄弟的水族先民。

其实，南方的沿海、沿边也并非是水族的发源地。从水族永不变的自称——“睢”、“人睢”及诸多积淀的中原文化因子表明，水族古文化的发祥地是在中原的睢水和豖韦一带。确切地说，是睢水的乳汁哺育了水族先民。水族的古文化尽管经历了殷商亡国的劫难，南迁百越之地谋求生存发展，又避开秦患，辗转于龙江、都柳江上游地带生息繁衍，但始终保留着“睢”、“人睢”的自称，并保持着诸多文化特质以及夏商周诸文化因子。

中国以睢、濉命名的河道有三条。一条名为睢水，故道在今河南省开封，向东流经杞县、睢县、宁陵、商丘、夏邑、永城，接着转入安徽省濉溪市、宿县、灵璧，然后穿过江苏省睢宁县，流到宿迁县注入泗水，最后汇入淮河入海。另两条是濉溪及新濉溪，发源于安徽省砀山一带，穿过河南省夏邑县境，又流入安徽濉溪县、灵璧县、泗县境内，最后经江苏省泗洪县注入洪泽湖。睢、濉同音，早期用睢，后期改用濉。根据水族先民活动的地域推断，水族古语所指"睢河、濉溪"或"睢水"，与古水道睢水、濉水关联极大。

绿树掩映的水族村寨　（黎炼摄）

中原地区的河南是中华民族悠久文化的重要发祥地，是公元前的夏、商、周及秦王朝的主要活动区域之一，也是中国不少历史悠久的氏族、部落的诞生地。水族先民是从远处南迁并入百越其他族群，再由古代骆越文化发展而形成的单一民族，这是史学界公认的史实。因此，弄清骆越的发祥及衍化，对了解水族历史至关重要。《百越源流

史》载："骆乃越的一支，历来认为是广西土著名族；其实不然，它起初是由两个不同的民族结合而成，即骆人自黄河南迁到江南后，与早已先由黄河迁到江南的越人群中的一支结合，逐渐成为骆越。骆人系出黄帝之后的任姓，越人则为夏禹之后。"

黄帝兴于陕西岐山县之姬水，而岐山南面至西南面有骆谷、骆谷水，正是骆人的发源地。因周朝建成于伊洛之间，周平王迁都洛邑，迫使骆人放弃故土，经湖北、湖南，向南迁移，至广西雒水，与当地越人结合，逐步形成骆越族群，其中也包括水族先民。由于睢水及濉溪对人们社会生产产生的极大影响，从古至今在这一地区出现了睢州、睢阳、睢阳郡、睢宁、濉溪等州郡县名称，出现了睢口、睢邑、睢苑等地名及园林名称。

据潘朝霖、韦宗林主编，贵州人民出版社出版的《中国水族文化研究》所叙：睢水流域及"豕韦"一带地区的水族先民，由无数以血缘氏族、部落氏族为主体的联盟汇聚，当时的人们对群体的依赖很大，群体意识浓重，个体意识弱化，并特别注意群体的名称，加上当时缺乏严格意义的行政区域划分，往往以生息地的显著自然特征或者整个氏族突出的信仰作为名族共同体称呼。由睢人而命名睢水，又因睢水的显著地理特征扩大了睢人的社会影响。地因人而得名，到人因地而显扬。睢人住在睢水，睢水流域资源养育着睢人，睢人与睢水密不可分。因此，"睢"的名称不仅成为部落、氏族内部认同的统一称号，而且也成为和外界周边部落、氏族相互区别的称号。尽管经过历史沧桑巨变，斗转星移，在殷商亡国之后，大多自称"睢"的部落群体南迁之后，依旧保留"睢"的自称。①

水族先民在漫长的夏商王朝统治下，其文化深受夏商文化更为浓重的熏陶，时至今日，在水家社会生活中还有大量的殷商文化的孑遗。

---

① 潘朝霖，韦宗林．中国水族文化研究．贵阳：贵州人民出版社，2004：18～19.

水族先民定居于广东、广西的时代，大约是在秦汉时期。唐代以前，水族先民还没有脱离百越母体形成单一的民族，因而在历史典籍中，水族的先民与其他壮、侗语族各民族的先民一样，往往都被泛称为“骆越”、“俚”、“僚 ”等。唐代，水族社会经济有了进一步的发展，唐王朝已将部分水族地区纳入中央王朝羁縻州县的统治之下，这个时候水族作为单一的民族出现了。但总的来说，唐朝的时候，绝大多数水族地区的社会经济发展还是十分落后的，而且极不平衡，许多地方还处在父系氏族社会发展阶段。水族父系社会氏族一直持续上千年，直至今天仍然对水族社会产生极为深远影响。

在共同的父系祖先的血缘维系之下，水族家族利益至高无上。在这种观念的影响下，一方面为培养或加强每一个家族成员的家族观念或每一个宗族成员的宗族观念，水族社会尊祖之风得到大力提倡和宣扬；另一方面各种习惯法应运而生，成为规范和制约每一个家族成员或宗族成员的行为准则和调适宗族集团之间关系的重要手段。

水族的尊祖之风可以说随处可见，每逢节庆、家中有婚丧嫁娶、建房造屋等大事要办，必行祭祖之礼。有关家族的大事，特别是有关全家族的公共事务，往往在动工之前要行祭祖之礼，祈求祖宗保佑平安顺利。各种大事都必须通过举行尊祖仪式后方可进行，这就使得人们不得不相信，在共同血缘祖先的保佑之下，事事才能如意，否则将带来意外或不幸。尊崇共同的血缘关系，无疑对强化人们的家族观念起着重要作用。

水族的“议榔”是维护水族血缘家族或宗教利益的习惯法，源远流长。到清朝时期，部分地区的水族村寨，如贵州榕江的高兴、都匀、基场等地都出现了以习惯法为立法基础的成文法律条文，这些法律条文都被刻写在石碑上而得以流传至今。从这些法律条文看，许多内容都是为了维护家族或宗族利益而专门制定的。如榕江高兴的一通“百

世流碑”就明确规定：“封此（全村）龙山周围上下，不准进葬亦不准私卖。与外地伤坏地方倘进葬者，地方革除送官究治。”水族社会因受汉族封建主义文化的影响，也讲究龙脉风水，故家族或宗族村寨的龙脉之地是整个家族或宗族生存和兴旺发达的禁地，不容他人加以破坏，必须严格加以保护。今天水族地区，在处理、协调家族或宗族内部事务的过程中，习惯法仍然是一个重要的依据。

在水族社会中，宗族利益指的主要是由婚姻关系的缔结而成的由男方家族和女方家族共同组成的宗族集团利益。因为一个家族中每个男子婚姻结缔的对象或者说配偶大多来自不同的家族，所以在水族社会中必然会形成一个十分复杂的宗族与宗族之间的关系网络，这种网络最主要是由婚姻关系来维持的。水族社会中，宗族关系比纯血缘构成的家族关系要复杂得多，同样，宗族集团所涉及的方方面面的利益也要比单纯的血缘家族所涉及的利益更为广泛。

在广西、贵州二省交界地区的水族常以“十六水”相称。“十六水”是古代组合成水族的十六个部落，其源于古代组合而成的水族共同体的16个部落的总称。各部落有领头，往往以领头之名命其居住地，此后又可能演化为姓氏。由于人口的繁衍发展，就形成了同一姓氏总地名之下的若干村寨的分布格局。由于又出现局部的迁徙，就形成了后世相对集中而又犬牙交错的居住分布状态。水族习惯以“十六水”自称。“十六水”泛指整个水族地区或全体水族。

“十六水”的提法不仅在水家的歌谣和口碑中广为流传，而且还散见于方志典籍。在水家口碑中常见到这样的句子：十六水人人都爱，十六睢这酒最好，十六睢处处是家（家乡）；亲头多戚也多弦；十六睢都是亲戚。

这里提到的“十六水”的词汇，其含义泛指水族整体，泛指水族所有地区，并带有亲切的认同感，是为维护宗族集团共同利益结成的一个联盟。在联盟内，寨老分别代表各自的家族，共同协商制定相关条款来维护联盟内共同的利益和规范各个成员的行为。议榔是水族社会组织的核心，议榔在水族地区普遍存在。

在水族聚居的村落里，家族长或寨老享有崇高的社会地位。水族地区寨老的产生与瑶老制有一定的区别。广东连南排瑶的"瑶老制"下的瑶老如"天长公"和"头目公"要由排内年龄最长者担当。水族的寨老制则不然，总的来说，水族村寨中的寨老多属自然领袖，没有经过民主选举产生。在水族村寨中，那些能说会道、办事公正、熟悉水族习惯法的人，不论其是否最年长，都会因德高望重而被众人拥戴为寨老。这些寨老绝对指的是男性而非女性。一般来说，每个血缘家族有一名寨老。对外，寨老主要靠自己的公正来处理事务、处理有关纠纷，甚至代家族与其他家族共同商议签订"榔约"以维护家族利益；对内，寨老是处理家族内部纠纷的裁决者。水族寨老的权力主要包括以下几个方面：调解家族成员之间的纠纷；主持家族族谱的编写工作；制定家族族规，规范家族成员的权利和义务；主持祭祖等重大祭祀活

水族寨老在祭祀活动中挂五谷 （吴东俊摄）

动仪式；依据习惯法处罚违规者；代表家族与外族共同签订有关村规民约条款等。

水族的族谱是当地寨老权力的象征。寨老肩负着主持修撰族谱和保管族谱的工作。通过修撰族谱来追溯祖宗之渊源是团结家族势力，分清家族成员之间的尊卑辈分，维系家族成员之间的关系，树立家族形象的最好办法。族谱也是训诫子孙后代，发扬光大祖传家业的最好教材。水族十分重视修撰族谱，从调查的材料看，水族的族谱最早修撰于清朝雍正年间。现常见的有潘、石、张、蒙、王五姓族谱。族谱修撰工作都要由寨老来主持召集。族谱修成之后，平时都由寨老保管，不得随意示人。重大节日里还要摆放在祖宗牌位上供奉，以示敬重。若族人要翻阅族谱，需行杀鸡上香烧纸祭祖的仪式后方可阅读。

族规或家规是族谱的重要内容之一。族规规定了水族家族成员对维护家族共同利益所应承担的权利和义务，同时还以封建主义文化的伦理纲常作为最高准则规范每个成员的行为。寨老有权依据族规对违反者加以处罚，轻者处以经济制裁，重者要“送官究治”甚至开除族籍。

水族崇尚万物有灵。在漫长的历史进程中，如诸多社会实践活动出现失败、教训、磨难，就认为这是事事碰鬼的结果。《水书》就是为和鬼神打交道而创制的，是为在探明众多鬼神的旨意，为聚吉避凶去开展社会实践，谋取福祉的观念下创造出来的类似宜忌的历志、历书的原始宗教集成。如今水族信奉的鬼神还有七八百之多。《中国鬼文化大辞典》用37页篇幅刊载水家主要鬼名，《中国各民族宗教与神话大辞典》收编的水族信仰方面的文化辞条众多。水家纷繁的信仰文化，被相邻民族称为“水家的鬼多”，“殷人尚鬼，其文化为一种‘宗教的文化’，极端相信占卜，故巫术盛行”。

秦王朝统一岭南的战争爆发之后，迫使水家先民向北迁徙，尽管给水家先民带来深重的灾难，但也促进了水族社会历史的进步。

元朝建立后，在少数民族地区除普遍设立土府、土州、土县等机构外，还设置宣慰司、宣抚司、安抚司、招讨司、张官司等土司机构以加强统治。为加强对各级土司的管理，元朝政府在土司的任免承袭、纳贡应征等方面都做了严格的规定，使土司制度趋于完备，为明朝继续推行土司制度打下基础。水族地区土司制度与唐宋时期的羁縻政策相比较，尽管本质都是“以蛮制蛮”，但在土司制度下，地方与中央的关系已发生变化，而且集中表现在中央对地方的控制明显加强。

水族是个流动性民族，极少有自己固有的土地。就广西壮族自治区而言，中华人民共和国成立以前，水族没有自己的土地，多是佃耕当地地主的土地，或开荒种地，或给地主打工过活。后来才逐步有些人买土地。中华人民共和国成立后，水族人民获得解放，当家做主。特别是 1957 年全国唯一的水族区域自治县——贵州三都水族自治县成立后，水族地区的经济生产得到了进一步的改善。如今无论在广西或贵州，20 户以上的水族村寨都实现了“三通”：通路、通水、通电。大部分农户有都摩托车、电动单车和三轮车。

水族有自己的语言。水语属壮侗语族侗水语支，但从声韵母的复杂程度来看，却居我国少数民族语言的前列。布依语、壮语、侗语的声母为 22～30 个，韵母为 70～80 个，而水语声母有 70 多个，韵母为 55～80 个。水语声母显得特别之复杂，这是水族先民由中原迁入南方，融入百越之后产生新的音位的缘故。

水族先民曾创造过自己的文字，称为《水书》，其形状类似于甲骨文和金文，但只有 400 多个单字，且多用于巫术活动。水族也有自己的历法，水历与夏历基本一致，但以夏历八月为岁末，九月为岁首。

水族有古老文字及用古老文字著编的典籍，水语称为 Ləsuj[3]，音译为“泐睢”，义为水家人的名字，水家人的书简称《水书》。水语“Lə

渤”，读音及含义与汉字相同，即书及写的意思。但“渤”只见于典籍的书面语，失去日常流通的意义，而水族对《水书》的称谓，却在百姓口语中流通至今。水族古文字编纂的《水书》卷本，反映了民间历书择吉避凶的特点。古代严禁民间制历，违者要抄斩。有关公六夺神灵创造《水书》及劫难历程，艺术地反映了当时水家先民的历史灾难和举族南迁的经历。

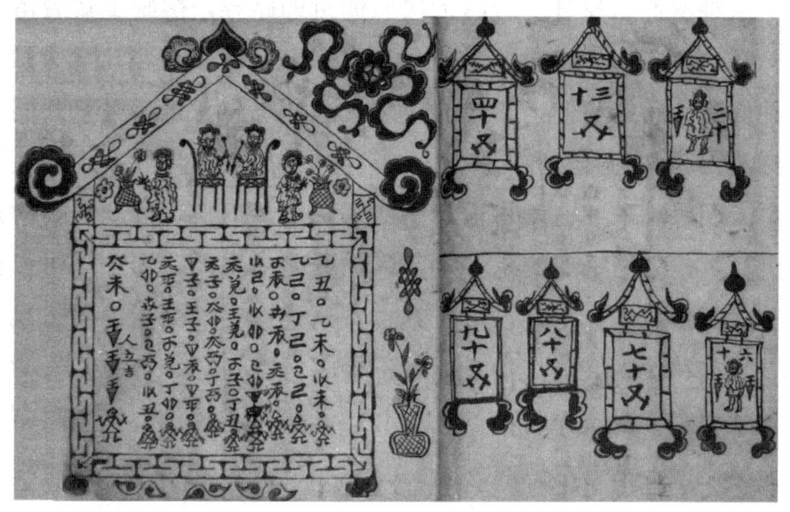

隽永的水书 （陆春提供）

贵州三都一带的水族，常以“四绝”、“三宝”概括当地本民族文化特征。四绝，即水书先生，世界上为时最长的节日，最浪漫的情人聚会以及马尾刺绣；三宝，即《水书》、端节和马尾绣。其实，“四绝”、“三宝”内容上没有多大的区别，只是提法上有所不同。

水族以鱼为吉祥物，参加水族青年的婚礼，常以绣有鱼纹图案的绣品相赠。

在云南境内，水族崇拜巨石、大树，分别于不同的时间举行祭祖活动。到水族地区，禁止触摸、攀爬或砍伐他们所崇拜的巨石、大树，禁止在神树、神石附近大小便。春节前或者平时村寨中发生不好的征兆时，水族都要举行扫寨活动。届时村民用树枝封寨门，在寨门上打草标，以示禁止外人进寨，禁期 1 天。如违禁闯村寨，还要举行原始祭祖活动。届时，各家门口挂木刀，寨口插木标，3～7 天内禁止外人进入。水族妇女生了小孩以后，要在门上打草标，3 天之内谢绝外人来访。

时代的推移，历史的变迁，水族同胞与全国各民族兄弟姊妹一样，告别了艰难困苦的岁月，跨越了坎坷曲折的路程，摆脱了贫穷落后的困境。在全国 55 个少数民族中，水族人口较少，住地也比较分散。然而，他们有共同的信仰，共同的文化观念和思想意识，更有共同的奋斗目标——努力追求复兴的梦想。在贵州三都水族自治县的一些水族村寨，人们想象和一些资料记载中的那种破屋旧房，以及崎岖村道已荡然无存，代之而呈现的是一条条纵横分明的水泥路和一排排保持着民族特色的新式木瓦房。每个村寨也都开辟有自然景观、民俗风情的旅游景点和宽敞的文体广场，还有不少的村寨开有“农家乐”、“小美食”和“水家饭”之类的小饮食店和各种代销代购店。据悉每每节假日，文体广场上都有本地或外来的文艺小分队为游客和当地百姓表演各种文艺节目，“农家乐”、“小美食”和“水家饭”也因此而常常爆满。

清晨，一群群穿戴着民族服饰的水族少年儿童，带着喜悦的笑脸走进学堂；一群七八十岁的水族老人，则在村头文体广场边溜达、散步、聊天。水族人民正在踏着时代脉搏前进，前进……

第一章

浩渺天地盛万物　人间有群水家人

第一节　古老神话导航程

据汉文史料记载，水族的远祖是古代“百越”的一支，与古代“骆越”族群有着历史的渊源关系。早在秦汉以前，岭南地区以及东南沿海一带就居住着许多部落。公元前214年，秦朝统一了岭南，水族先民逐渐由岭南向北，往黔桂边境迁移；隋唐时统称“溪峒蛮”；唐宋时与壮侗各民族一起被统称为“獠”；宋代在该处设置“抚水州”，被通称“抚水蛮”；“州”这一地名暗示以“水”为自称的人群已经形成。13世纪中期，有大规模的汉族人移到此处；13～17世纪，又有大量的汉族士兵被调到此处戍守，设屯安家，他们的后代也逐渐融合于水族。“水族”之族称最早见于明代史籍。清代多称其为“水苗家”、“水家”等。中华人民共和国成立后，正式定名水族。

水族关于人类起源的神话成了研究该民族的重要依据。神话，作为人类最早的艺术形态，是人们在生产力水平极为低下的民族原始阶段认识社会的一种观念的反映。水族神话传说大多反映原始社会时期即封建社会初期水族先民的生活状态。如《人类起源》和《人龙雷虎争天下》就是对人类形成发展的朴素解释。《人类起源》叙述洪水滔天兄妹再造人类的过程。《人龙雷虎争天下》则是描述人与野兽争夺的景象，表现了人兽不分、人与自然融为一体的原始思维特点。在贵州，女娲开天辟地造人造地、造万物的伟大业绩和形象，是水族先民经历母系社会，对母性产生无限崇拜的历史在民间文学的典型表现，并巧妙地反映人类群居穴处，只知其母，不知其父的历史事实。①

水族神话流传最广泛的是关于鱼变人的传说。水族先民认为鱼类和人类自身存在着某种神秘的血缘关系，并通过最庄重的祭祖、最神圣的信仰、最关切的生育、最直接的生活生产等方面，用多种形式本能地、自觉地表现出来。这些情况说明鱼的意义是双重的，它不仅是自然属性，而且也是观念属性。当以它为食物时，是自然的鱼；而把它当作某种观念意义的寄托时，它就成为一种神秘的崇拜对象。因此，水族崇拜鱼图腾，是自然崇拜和祖先崇拜结合在一起的一种信仰观念的宗教文化现象。从这个意义上说，水族是鱼的传人。孔子的独生子名孔鱼，字孔鲤，号伯鱼，就是崇尚鱼的观念的反映。不论是龙的传人，还是鱼的传人，都属于同类的崇拜，而鱼崇拜不过是龙崇拜的早期形式而已。鱼跃龙门，鱼龙衍化，鲲鹏展翅九万里，翻动扶摇羊角，鱼翻一个身不就成为巨大神鸟，成为巨龙了吗？因此，可以说，水族就是鱼的传人。

由鱼图腾崇拜而衍生出鱼的传人的观念，标志着水族社会发展进入实质性阶段，是自称“睢”、“睢人”族群的水族先民共同体把对自然崇拜、祖先崇拜巧妙结合的烙印，是对物质资料生产和人口生产发展的迫切追求，是祈求氏族人丁旺盛、民族强盛、世代延续发展愿望复合、曲折的反映。水族鱼图腾产生的社会基础，是发祥于睢水流域，后来迁到百越河汉地带的水家先民共同体，在漫长社会中主要依赖相

① 潘朝霖，韦宗林主编．中国水族文化研究．贵州人民出版社，2004：25～26．

应的自然生态，自然谋生，发展经济，存在决定意识，并由此加深了以人和鱼为核心的万物有灵信仰。

睢水流域及“豕韦”等中原地区是水族古文化的发祥地。自称“人睢”的水族民族共同体的原生形态就在这里形成和发展。西周建立，殷商灭亡，作为殷遗民中这部分自称为“人睢”的共同体，南迁至广西广东西江流域一带，与越人融合为骆越后裔的一支，并一直维护和巩固。①

簸米　（黎炼摄）

“睢”、“人睢”是民族共同体称号，这些都说明了水族先民自秦代迁入黔桂边境以来，经过近千年的发展，在具有共同的地域、共同的语言的前提下，共同的经济生活和共同的心理素质已逐渐形成，于是

① 潘朝霖，韦宗林．中国水族文化研究．贵州人民出版社，2004：12～13.

水族作为单一的民族正式形成了。[①] 从唐贞观三年之后，先后在水族地区设置婆览县、都尚县级厄州、劳州、抚水州等羁縻州，说明水族在政治、经济的社会地位和影响已相当大。"'抚水州'中的'水'是水族自称'睢'的音转。'抚水州'的建立是水族在汉文献上的得名之始。"水族在形成与发展过程中，自己的一部分被他族同化，同时自身也融合部分外来民族。这种现象自明代'调北征南'、'掉北填南'之后显得较为突出。因此，现在水族源流传说的江南迁来说、土著居民说、殷人后裔说、两广迁来说等，也都不无依据"[②]。这些传说，都是水族在民族化进程中一定史实的反映。例如，明代随烂土长官司张均进入贵州的汉籍士卒，后来与当地妇女通婚，大多被融入到当地的民族之中。又如三都县水龙的张姓变成了水族，独山及三都大河地区的部分水族变为布依族，三都及雷山的部分水族变成苗族，在黄平、麻江县的保留汉籍。三都县阳安的水族谢姓据说与独山汉族谢元琛氏族有关。类似这样的融合事例还不少。正如潘一志先生所说："不过必须有基本的主体民族，然后才有自然融合。"在水族地区，这个基本的主体就是自称"睢"、"睢人"的民族共同体，是矛盾的主要方面。在民族互相融汇之前还有先后、主次之分，当融合之后变成了一个更大的共同体，既已无法区分也没有必要区分彼此。这就是中华民族大家庭在发展中你中有我、我中有你的融合、同化、团结的历史事实。

综合民间传说及史学界的分类，水族江南迁来说是民间有些姓氏传说来自江西、江苏、湖北、湖南、安徽等省的概括之说。此说形成有其历史原因，元明推行土司制度，明清时期又推行改土归流制度，特别是明代推行的"掉北征南"、"调北填南"的政策，水族地区迁入

---

① 潘朝霖、韦宗林．中国水族文化研究．贵州人民出版社，2004：12～13.

② 潘朝霖、韦宗林．中国水族文化研究．贵州省人民出版社，2004：240～241.

一些汉籍军士及商贾，其中最具有代表性的就是今三都县烂土张姓土司。两广迁来说、土著民族说认为：“我国水族定居于黔桂边境、龙江上游两岸已达一千年以上，是当地的土著民族。追本溯源，是岭南越人的一部分。可能由广东、广西沿海，沿西江、黔江、龙江而上。”此说对水族先民由两广迁至贵州境内，与公元前 221 年之后，秦发兵岭南，造成水家先民溯流大规模迁徙历史相符。“殷人后裔”及“发祥于睢水”说，应视为同一论点的两种说法。殷人后裔说范围略广，而发祥于睢水说范围略小。殷人后裔说从水族固有久远历史的《水书》及古文字的形体与甲骨文、金文相似，认为“疑其先人与殷人有关”。《水书》最初流行于西北地区，后来才传到南方又转入贵州境内。另外，有的学者根据水家韦氏“豕韦”合音成“水”、“睢”之音，以及水族古文字类甲骨文、金文，水家迷信鬼神与“殷人尚鬼”相似，这些记载及水族传唱的歌谣推断，“皆可为殷代文化遗留之铁证”。“可知，今日水家，盖即殷之遗民无疑。”① 此论反映了殷人后裔的水家先民南迁年代久远，而形成百越滨海文化特征与史实相符。

水族自称“睢（sui^3）”、“人睢（$zən'sui^3$）”，汉译为“水”属他称的音转用字。唐代设置以安抚水家人为主要对象的抚水州，标志确认“睢”、“人睢”的族称为“水”，并标志单一民族的形成。由此出现他称的水、侎、水家、水苗家、水仲家、水边等称谓。1957 年成立三都水县自治区，正式确定族称为“水族”。

第二节 悠悠漫道迁徙路

水族发祥于中原睢水流域及“豕韦”之地，处在夏商周文化圈之中。殷商亡国之后，水族先民举族南迁和越人的一支组合成为骆越的

①潘朝霖，韦宗林．中国水族文化研究．贵州人民出版社，2004：246.

一支，在百越之地近千年的生息，留下了百越文化的特征；秦代发兵岭南，水家先民又大规模地溯流迁到龙江、都柳江上游一带生息，历经八百余年的发展，为唐代在水族地区设置都尚县、婆览县、莪州、抚水州奠定了基础。尤其是抚水州的建立，标志着族称“水”得到中央王朝的确认的单一民族的形成。此后水族的局部迁徙时有发生，如由抚水州迁出等，但总的生息地格局未出现大的变动。水族在发展的过程中，又有不少来自江南、江西的成员融入，形成了水族的共同体。这是水族发展的源起脉络和自称“睢”、“人睢”数千年不变的历史原因。①

作为共同体，水族先民当初生息在中原睢水流域和“豕韦”之地，而形成“睢”、“人睢”的自称名号，处在夏商周文化圈之中。西汉王朝的建立才标志着汉民族的正式形成。因此，水族先民共同体是华夏先民共同体的一部分，属于华夏先民的成员之一。水家先民南迁以后，尽管打上百越文化的烙印，但保留了中原的诸多特质，始终维护和保留“睢”、“人睢”的称呼。唐代设置抚水州，使水族的族属发生了变化，由华夏族先民成员殷人后裔的“睢”群体变成水家。1957年，由中央人民政府确定为水族。水族族属嬗变的历史，是中华各民族在发展历程中相互吸收融合，你中有我，我中有你，共同发展进步的历史缩影。

在广西，水族源于古代南方的百越民族，由骆越一支发展而来。宋时称抚水州蛮。古歌叙述其祖先最初生活在邕江流域的岜虽山，后被迫离开邕江流域，渡红水河，经河池、南丹一带，沿龙江溯流而上，迁徙到现居地。其中有部分于20世纪30～40年代自贵州迁至广西。

水族历史上出现两次重大的迁徙：一是殷商亡国后由中原向南迁徙，二是秦发兵岭南后由南往北向今黔桂交界地区迁徙。小族社会众

---

① 潘朝霖，韦宗林主编．中国水族文化研究．贵州人民出版社，2004：29.

多的文化现象与发祥地睢水及大迁徙的滞留、定居有着极为密切的关联，如殷商文化的基因、百越文化的烙印、族称由自称“睢”到“水”的转化等。

潘朝霖、韦宗林主编的《中国水族文化研究》写道：发祥于中原睢水流域及“韦”一带，自称为“睢”、“人睢”的水家先民，属夏商子民。当周王朝兴起，殷商子民就面临亡国的劫难。“因周朝建成周于伊洛之间，东周平王又迁都洛邑，迫使骆人放弃故地，经湖北、湖南迁到广西雒水。”① 作为殷商子民的水家先民当然也没有逃过流徙的劫难，离开发祥地的睢水，踏上漫长而艰难的南迁之路。

据汉文史料载，“骆人系出黄帝之后的任姓。越人则为夏禹之后。”当迁到江南地区之后，骆人与当地越人结合，开始形成骆越。从殷商灭亡南迁到秦发兵攻打岭南的近千年之间，自称“睢”、“人睢”的水家先民和相邻的部族共同生息，融入壮侗语族各民族先民共同体的社会洪流之中。今天的壮傣诸族在古代居住地连成一片，使用着彼此相通的语言，具有相同的民族特征，是同一族属而互不统属的族群。那就是古代的越，或写作粤，也被统称为百越或百粤。

秦王朝统一岭南的战争爆发之后，给水家先民带来深重的灾难，也促使了水族社会历史的进步。

为“殷人后裔”的水族先民“睢”、“人睢”，尽管在百越文化圈中经历了漫长的历史，但一直维护和保留着以“睢”名称为核心的文化特质，比如，民族的群体名称“睢”、“人睢”，古文字“泐睢”，保留着本民族共同历法和部分母语特征的中原古音等。

秦王朝征服岭南战争发生后，以公六夺神灵为支柱的“睢”、“人睢”群体溯流迁到龙江、都柳江上游地区生活。

水族先民迁到龙江、都柳江上游一带，有了相对稳定的休养生息

① 转引黄桂秋．水族民间故事研究．广西人民出版社，1992：28.

环境，和相邻的民族在经济上也相应有了发展，为此《唐书·南蛮传》载："东谢蛮，其地在黔州之西数百里……土宜五谷，不以牛耕，但为畲田，每岁易。""有功劳者，以牛铜鼓赏之。""婚姻之礼，以牛马为聘。""丈夫衣服有衫袄，大口，衣锦绣及布为之。"由于唐太宗立国之后，推行开明而兼容的民族政策，确认了不少少数民族并在其地设置了相应措施的行政区域建制加以管理。这一政策，也得到后任君主的相继推行。据《唐书·南蛮传》载："贞观三年，以东谢首领谢元琛地置县五：都尚、婆览、应江、陀隆、罗恭。"在629年的唐贞观三年，就在水家聚居的今三都县上江镇设置了应州及都尚县，在恒丰乡设置了婆览县。这是水族地区最早出现的行政建制。水族最大的端节——"端十六"必须在水历新年正月第一个亥日过节正与此有关。

水族干栏式民居 （黎炼摄）

《唐书·南蛮传》还记载："开元中，置莪、劳、年抚水等羁縻州。"唐在水族地区设置三个羁麻州的史实表明，水族地区的政治建设得到了提高发展。莪州即原荔波县的莪蒲，地名是水语音译，义为五

位父亲。这是水家迁徙传说中有五位先祖到此开拓基业，为纪念他们的功德而称为莪蒲。其所在地今属三都县九阡的水各。而地名九阡，水语的语义是“九仙”，即九位仙人，地名称谓方式与莪蒲相对应。劳州，即今荔波县水涝，依旧是水族聚居之地。值得一提的是，抚水州在今广西的环江县，与荔波县接壤，是水族先民族连片居住区域。

唐王朝推行开明而兼容的民族政策，于百年之间就在水家生息地区设置都尚县、婆览县、羁縻莪州、劳州、抚水州，使水家历史上的行政建制出现了史无前例的辉煌。尽管这些州、县级别比较低，但水家地区能受到唐王朝如此之重视，表明水族的社会影响也比较大，经济文化也发展到相应的高度。自唐代在水家地区设置这些建制以来，水族先民居住地望格局没有大的变动，世居的民族成分基本稳定，标志作为单一民族的水族社会步入了相对比较稳定的历史阶段。

第三节　秀美人家依水生

水族的居住地位于云贵高原东南部的苗岭山脉以南，都柳江和龙江上游，森林密布，山水如画，适于农林业的发展，是贵州高原的鱼米花果之乡。在水族民歌中，常以“像凤凰羽毛一样美丽”来形容自己的家乡。无论在贵州或在广西，居住地区均气候温和，光照充足，雨量充沛。

水族地区地处云贵高原侧面梯级大斜坡南端，向广西丘陵地过渡的地带，属贵州省黔南自治州的东南部及黔东南自治州南部边缘。地貌总特征为中山、低山地貌类型。中山、低山、丘陵占全境总面积90％以上，是个典型的“九山半水一分田”的山区。具体说来，境内地貌形状大致有三种类型，即深切割的中三地貌类型、岩溶地貌低山丘陵盆地类型、低山地貌丘陵河谷类型。

水寨小巷　（骆富杰摄）

根据气候带划分，水族地区属中亚热带季风湿润气候区。总的特征是：气候温热，四季不大分明，冬无严寒，夏无酷暑，夏长冬短，无霜期长，雨量充沛，雨热同期。但由于境内峰峦起伏，河谷深切，在不同的地形、地势影响下，温度的地区差异显著，日照差别大，雨水时空分布不均，有明显的雨季和旱季。据多年气象资料表明，干旱、低温、洪涝及绵雨等主要的农业自然灾害天气时有出现，其范围大小和危害程度也不尽相同。

水族地区处在黔南高温等值线中。故年总积温高，无霜期长。积温是反映热量资源的指标。根据气象部门多年气象资料统计，三都水族自治区县年均温度为18℃，累年平均总积温6592.5℃。三都县城，全年最热月为8月，月平均气温为26.7℃；最冷月1月，月平均气温为7.8℃。

水族地区地处低纬度地带，太阳每天可照时数在10.5～13.6小时。但由于境内山体切割深，走向凌乱，谷深闭塞，遮蔽度大，加之

山岚河雾及阴雨日数多，光照条件差，光照百分率为27%，年太阳辐射量只有每平方米80.55～87.06千卡。在全国及贵州省内属光照低值区，光能不富余。同时境内地形复杂，光照受地形条件影响较大，各地光照差异也大。如三都水族自治县全县日照时数在1077.3～1259.9小时，相差182.6小时，日照数大于1210小时的有九阡镇的新光坝子，杨拱乡的水昂坝子，周覃镇的板光坝子，三洞乡的水根、达便坝子和延牌镇的延牌大坝；小于1100小时的有普安镇的双江坝子，交梨乡的交梨谷坝和拉揽乡的林场等。以九阡镇新光大坝1259.9小时为最多，以拉揽林场1077.3小时为最少。从气象站日照观测记录看，26年平均为1196.3小时，占可照时数的27%。再如荔波县，各地日照差异也很大。特别是南向的峡谷地带，因山体对阳光遮蔽角度大，日照条件更差。如佳荣镇的何家寨位于甲料河谷，是南北向深谷，全年日照时数只有785小时，年日照百分率仅18%，比同地区的佳荣坝子年日照数少26%。天空状况（如云量、阴雨日数）对日照也有明显影响。佳荣片区是荔波县内多雨区，雨天明显比县城多，其他地形遮蔽与县城相近，但日照时数比县城少17%。

三都水族自治县，全县每年平均降雨量1349.5毫米，总降雨量33.1亿立方米，径流量16.5亿立方米，外境流入年平均水量为11.98亿立方米，地下水为4.7亿立方米，全县拥有量33.18亿立方米。在水能资源方面，根据柳江和樟江流域41条中小河流统计，总理论储能为14.4万千瓦。其中北部都柳江片区12.3万千瓦，南部樟江片区2.1万千瓦。

榕江县年产量21.26亿立方米（地表径流和地下水在内），特枯年（P=95%）11.89亿立方米。全县农业实际灌溉用水0.77亿立方米，占特枯年径流量的6.64%。加上工业和人、畜饮水占特枯年水资源的7%。水能资源储量为25.99万千瓦。

整个水族地区境内，北部以断裂上升的丹赛高原为屏障。其山脉主要是从北面丹赛县、西北面都匀市、西面独山县、东北面雷公山脉延伸过来的苗岭山脉，比较著名的山体有更顶山、老王山、铜马山、瑶人山和月亮山 5 座。

三都县三合镇巴卯水族村寨民居　（潘政波提供）

更顶山有 28 峰，地处三都县与独山县之间，是苗岭山脉南延之地，位于三都县巴佑地区，东面大部在三都县境内，山地面积 31.8 平方公里。更顶山海拔 1665.5 米，是三都县第一大山，也是黔南名山之一。独山大风坪山（海拔为 1628 米）、猴儿山（海拔 1605 米）雄踞两侧，与它形成对峙的地形。更顶山海拔 1000 米以上的山峰有 23 座。更顶山地势高峻，山顶多雾潮湿，森林资源丰富，适宜发展林业。

老王山坐落在三都县西北部的丰乐乡与都匀市阳和水族乡境内，主峰海拔 1603 米，是水族境内北面的第二高山。它属苗岭山脉南延山地，位于都柳江上源。老王山总面积 58.2 平方公里。山体大部分在三都县境内。老王山有 30 座山峰，其中海拔 1400～1500 米的有 5 座，

1500～1600米的有两座。整个地势由西北向东南倾斜。坡顶风大多有毛雨，山上八月竹成林。半山腰岗峦起伏，是生产茶叶的良好基地。铜马山又名驼马山，主峰乌烧坡海拔1536.5米，属苗岭山脉东段。雷公山山地位于三都县境羊福乡与雷山达地水族乡交界处，面积96.8平方公里，大部分在三都县境内。铜马山有33座山峰，森林茂密，适宜发展林业。

瑶人山位于三都水族自治县东部，主峰瑶人峰海拔1365米，整个地势中部高，四面逐渐低缓，山体总面积4500公顷（67500亩），森林覆盖率达90%以上，是三都水族自治县保存完好的原始森林，树种繁多，木本植物达432种以上。其中有国家一二类保护树种，如福建柏、南方红豆杉、香榧、闽楠、紫樟等，还有木莲、马尾树、石笋树、南方檀、油杉、黄棉木等珍贵树种，药用植物也很丰富，是个丰富多彩的生物宝库，现已被列为国家级森林保护区和国家级森林公园开发区。

月亮山位于榕江、从江、荔波、三都四县边界交汇处，亦是都柳江和樟江主要分水岭之一。主峰在从江县光辉乡加牙村，海拔1497米，次峰在榕江县计划乡上拉力村南部，海拔1490米，第三峰在荔波县佳荣镇拉易村东北部，海拔1468米。月亮山方圆几百里皆为原始森林，面积19 333公顷（29万亩），森林覆盖率达91%，是一处难得的森林植被保存较好的绿色宝地。

水族地区境内的主要河流有两条：一条是都柳江，另一条是龙江。

都柳江发源于贵州省独山县拉林乡附近的磨石湾，流经独山县新民、江赛等乡，于康塞附近进入三都县境，流经烂土、大河、三合、拉揽、打鱼、坝街等8个乡镇，在坝街下游3.6公里处进入黔东南自治州榕江县境，东经兴华、定威、八开进入古州，于榕江县城向东南流经八吉入从江县境。其间都柳江在三都流程为83.5公里，境内南北两岸分别有31条支流汇入，流域面积为1680平方公里，水能理论储量为12.3万千瓦；在榕江流程为77.3公里，境内有赛蒿河及平永河汇入，流域面积为1050公里，水能理论储量为9.11万千瓦；在从江流程为68公里。都柳江在水族地区的三都、榕江、从江流程全长为1608公里。从江县城炳妹镇，地处都柳江畔，江边有50吨级两个泊位的水运码头，船舶成群，上溯下驶，穿梭如织，水波浩荡，烟云缥缈。它是黔东南和黔南两州的木材水运必经之路。乘船而上75公里可达榕江，随江而下91公里达枝柳铁路老堡站，上火车或乘船可直达柳州、梧州和广州。都柳江是水族地区在历史上水路通海的大动脉，而炳妹镇则是水族地区水路通海的重要门户。其实，早在清朝初叶，都柳江就已成为黔滇山货运进两广，沿海食盐和百货运进黔滇的大动脉。清朝时期的“三脚屯”（即今三都县城），成为水陆转运的重要口岸。据传，当年尖头直尾的清江船和方头的古州船百舸争流，鼎盛时期可达300余艘以上，担夫队伍多可达千人。光绪初年，清政府就在三合设卡收取厘金，下行之山货为五百两，上行百货为九百两。可见当时水陆交通之盛况。民国初年，贵州军阀周西成从广东购来的贵州第一辆汽车就是由柳州装船运到三度码头后再通过肩挑马驮运到贵阳的。中国共产党早期杰出活动家之一、党的一大代表、水族人民的优秀儿子邓恩铭烈士为了外出求学，投奔革命，

邓恩铭塑像 （覃江英摄）

也是从都柳江码头扬帆出境的。出走之时，邓恩铭烈士咏叹出慷慨激昂的“离乡之歌”：“男儿立志出乡关，学业不成誓不还。埋骨何须桑梓地，人间到处是青山。”都柳江在历史上为水族地区的人文方面留下了辉煌一页。后来，由于都柳江上游森林砍伐过度，导致水流量日趋枯竭，失去了昔日的辉煌。

龙江发源于三都水族自治县月亮山西南侧，流入广西河池、南丹、柳江等县。荔波的樟江支流是龙江上游的发源地。樟江上游有两个干流，一支干流为水各河，另一支干流为水昔河，全发源于水族地区。龙江被誉为水族历史文化的摇篮。远在秦王发兵攻打岭南之后，水家先民就由南溯江而上。唐宋时期，水族人民就在这里“夹龙江居，种稻似湖湘”，创造稻作文化的辉煌。唐代设置的羁縻抚水州，是以安抚水族为主体对象的行政建制。当时的抚水州聚居了很多水族，即以龙江流域为生存环境。

除上述两大河流外，还有些小河，如水各河、三洞河、邑炮河等。

水各河上游有三洞河、邑炮河、姑了河、水董河四条支流。

三洞河发源于三都县中部塘州乡的龙角塘（为喀斯特地下水外冒），经石望、雄寨、雪花洞、群力入水便，全长 26 公里，平均流量 1.233 立方米/秒，进口落差 261 米。

邑炮河发源于三洞乡将军坡，经姑九坡、板南、邑炮至水各河，并与三洞河汇合，全长 23 公里，平均流量 1.023 立方米/秒，进出口落差 122 米。

第四节　分分合合各一方

水族主体群最迟在秦汉时期就定居在苗岭山脉以南珠江水系的都柳江和龙江上游一带。618 年唐王朝建都水族地区，设置都尚县、婆懒县，天宝年间有设莪、劳、抚水羁縻州，这时唐王朝已认定水族为单一民族的建制，世居连成片的地区，距今一千多年。元朝推行土司制度，明清时期“改土归流”，以及明代执行“调北征南”、“调北填南”政策以来，水族地区迁入了大量汉籍军士和商贾，而且这些汉籍军士和商贾驻扎驻守，入乡随俗，并与水族通婚，当地也变成了民族杂居之地。

新建的水族建筑　（黎炼摄）

水族在1956年以前的漫长历史中以贵州的荔枝县为中心，散居在其附近各县。1956年成立三都水族自治县以后，便以三都水族自治县为中心，西从独山县之翁台拉林乡起，北至都匀市奉和水族乡止，在北纬25°～26°，总面积约为2388平方公里。

水族世居人口连成片的地区，其聚居村落分布呈现出三种态势：一是坝区，多环山聚结村落，田园居中；二是丘陵和坝区连接处，以“串珠”状的聚居村落分布较为明显；三是山区，聚居村落分布

上呈现水湾筑寨或背山占崖或雄踞山巅的村落状态。在坝区和丘陵地带的聚居村落较为密集，并有不少坝区发展成为具有一定规模的集镇。

在水族聚居区内，还杂居有汉族、布依族、苗族、瑶族和侗族等。民族居住的分布也呈现出水平空间分布的规律性。一般汉族多住在交通沿线的古驿站、集镇等；布依族多居住在河谷冲积地山间盆地；水族多住在中低山丘陵地、旷谷地和山间盆地；苗、瑶等民族多居住在高山密林深处。

在广西，15 000 多人的水族人口分别散居于融水、宜州、南丹、环江、都安、河池、大化及来宾等多个县（自治县、市），与汉、壮、苗、瑶、毛南、布依等民族交错杂居，形成大分散、小聚居的分布特点。其中，水族人口最多的县是融水县，有 4074 人，人口少的一个县里只有十多名水族人。

据考证，水族与广西同一语族的壮、侗、仫佬、毛南等民族一样，有着共同的历史渊源关系，共同起源于春秋战国时期百越族群的骆越支系，其早期的历史渊源还可以追溯到距今八九千年以前的新石器时代，甚至距今四五万年以前的旧石器时代。据史籍记载，继骆越之后的东汉至隋唐时期，居住在广西的世居居民有“乌浒”“俚”“僚”“蛮”等称谓。据民间传说，水族先民骆越部族原居住地是在今南宁邕江流域一个名叫岜虽山的地方，后来因为战争，其祖先被迫离开故地，向今广西北部地区迁徙，经今河池、南丹一带沿龙江溯流而上，往今黔、桂边境一带，最后辗转至今贵州南部和广西北部交界一带定居下来。唐宋以后，水族先民逐步向广西北部一带聚集，开始从俚僚族群中分化出来，并吸收了其他一些民族成分，重组形成了一个人们共同体，史籍中称之为“僚”、“苗”、“蛮”等。明人王守仁在《月潭寺公馆记》中称之为“㑢”，邝露《赤雅》中有“水亦僚类”之说。清代中叶以后称之为“水家苗”“水家”。“濉（suī）”是水族的自称“虽”的汉语记音。1956 年，经过民族识别，并尊重其民族的意愿，国务院批准，将操壮侗语族水语支的人们共同体统一称为“水族”。

第二章

是物是意在人心　亦真亦假传千载

第一节　从吃鱼到敬鱼

“洪水滔天，世间只剩下两兄妹，仙王让两兄妹用钓鱼的方式定婚姻。牙线给妹妹一条鱼，叫她站在河这面，给哥哥一根钓竿，叫他站在河那面。要是哥哥钓得了妹妹手中的鱼，两人就结为夫妻。”这是神话《牙线造人》里的一段话。

在水族地区有许多关于鱼的神话故事。诸如《端节的由来》、《鱼姑娘》、《阿榕与满免卡》、《水族为什么住木楼》、《百褶裙哪里去了》、《鲁班造鱼》等。

水族由鱼图腾崇拜而衍生出鱼的传人的观念，标志着水族社会发展进入实际性阶段，是自称“睢”、“睢人”族群的水族先民共同体把对自然崇拜、祖先崇拜巧妙结合的烙印，是对物质资料生产和人口生产发展的迫切追求，是祈求民族人丁旺盛、民族强盛、世代延续发展愿望的反映。水族鱼图腾产生的社会基础，是发祥于睢水流域，后来迁到百越河汉地带的水家先民共同体，在漫长社会中主要依赖相应的自然生态发展经济，存在决定意识，并由此加深了以人和鱼为核心的万物有灵信仰。

水族婚姻崇尚鱼的习俗很奇特。贵州荔波、九阡等地提亲，常用竹篮盛礼品带去女方家。男方母亲，通常悄悄把包好的几条小干鱼塞在篮子底部。女方母亲接到礼品后，首先要摸一摸是否有小干鱼。若应允婚事就收下礼品及干鱼。接亲时，女方家要看到男方迎亲队伍送来的信物——罩鱼笼和象征大鱼的一串金刚藤叶才允许发亲。"渔业生产是水族先民的重要经济，而鱼又是生育的象征，开亲双方都期望生儿育女，传宗接代。为此借此信物，把接到一个能继承祖宗烟火的好媳妇的内涵曲折地表现出来。"①

水族图腾神话传说，形象地解释了今天水族社会生活中人与鱼之间密切关系的根源，奠定了鱼这种常见的水生动物在水族民间故事中的位置和作用。

水族既然崇尚鱼，鱼图腾是自然崇拜和祖先崇拜的结合体，但为什么还要吃鱼，吃掉老祖宗呢？这与饮食文化有关，与原始宗教观念有关，与水族先民的功利目的有关。禁食图腾物和必食图腾物是不同民族、部落信仰差异所致。《宗教词典》指出，"图腾崇拜"是"宗教最早的形式之一"。"许多氏族社会的原始人相信，各民族分别源于特定的物类。""食用图腾物种正是必需之举，这样做，便将本民族所源出的物种优良性能继续传承于氏族成员的体内。"② 传说在远古时代，人们把过世的先人吃掉，以获得其优质特性，后来以鱼代之。这是传说，或许有其合理的基因。因此，"鱼在水族生活中充当了与祖灵并存而且永不分离的神圣之物。好像祖先站在岸上，其在水中的倒影变成了鱼。事实证明，构成水族祖先神灵这块光辉的牌位，其正面是祖先，

---

① 李子贤．鱼——哈尼族神话中生命、创造、再生的象征．思想战线，1989（2）．
② 宗教词典．上海辞书出版社，1981：661.

背面是鱼”。[①]“祖先神灵，一类是虚拟的神灵，这就是图腾。二是实际的祖先。”[②] 这就是水族的鱼图腾。

水族民间故事中这种鲜明突出的鱼文化现象，蕴含着如下几个文化内涵：

一是水族人民崇拜鱼这一民族特殊感情的心理印证。以上作品中，很少讲到水族人如何捕鱼、杀鱼、吃鱼等行为，而是对鱼加以美化和歌颂。故事中的鱼大多是红鲤鱼、金鲤鱼等，因为这是众多鱼类中形象最美的品种。

二是寄托了水族人民惩恶扬善、扶弱济贫的强烈愿望。水族进入封建社会以后，广大劳动人民成了剥削阶级的奴隶，加上外族的欺压和侵扰，被迫离乡迁徙，历尽艰辛，连生存的权利都得不到保障。正是在这种社会背景下，水族人自然把惩恶扬善、扶弱济贫的强烈愿望以幻想的方式反映在民间故事中，寄托在鱼身上。

三是水族民间故事中的鱼细节和鱼故事，保留有浓厚的与鱼崇拜有关的巫术、仙术、魔法等原始意识。幻想依靠特定主观行动来影响和支配客观事物的现象，或者幻想依靠“超自然力”，对客观事物强加影响或控制。

第二节　鲜为人知的“三宝”与“四绝”

水族的文化艺术丰富多彩，除了上述普遍流传的关于鱼的神话外，民间还流传着众多的故事、传说、歌谣、寓言以及剪纸、刺绣、印染和雕刻等工艺美术。歌谣中有长篇叙事歌，也有即兴随唱的短歌，其内容有对古代人类起源和民族迁徙的叙述，有对美好生活的向往和追求，

---

① 潘朝霖．水族鱼图腾探源．广西民族研究，2001（3）．

② 赵沛霖．兴的源起．中国社会科学出版社，1987：27.

也有对纯真爱情的热情赞颂。水歌有大歌和酒歌两种，歌唱时，以和声伴唱，而不用乐器伴奏。散文形式的故事传说和寓言，内容丰富，情节生动，具有浪漫主义的色彩，既是宝贵的文学遗产也是研究水族历史的珍贵资料。水族民间乐器有锣、皮鼓、芦笙、胡琴、唢呐等。铜鼓是水族传统的乐器，每逢喜庆节日都跳铜鼓舞助兴。

在水族地区普遍流传着“三宝”、“四绝”之美誉。

一、何谓“三宝”

三宝者，《水书》、端节、马尾绣也。

1. 关于《水书》

古朴、典雅、浑厚的《水书》，是水族的一种古老文字，水语称为“泐虽”，汉译为水书或水文，被誉为“水族三宝”之一。现存的水书中同汉字早期的甲骨文一样，以象形字、形声字、会意字居多，水书作为水族一部古老的文化典籍，不仅有坚强的生命力，而且具有神秘感，堪称一种独特的弥足珍贵的文化瑰宝。

《水书》是水族古文字的集中体现。据潘朝霖、韦宗林主编的《中国水族文化研究》所叙：水族古文字产生在秦以前，在原更古文字的基础上，结合自己的文化发展成为自己的独特文字。水族作为单一的民族分离出来以后，已经没有条件创制并产生我们现今所见的古文字。原因是自秦到民国时期起，水族一直是被压迫民族，而且秦以后，水族先民常为迁徙疲于奔命，时不时受战乱的影响；水族先民

水族手绣背带心　（黎炼摄）

居住地属于边远的黔桂山区，属于大散居小聚居，从未形成自己统一的社会政治组织；同时，水族先民与其他杂处的族群一样，是从奴隶社会向封建社会过渡的时期，经济上基本处于自给自足而相对封闭的状态。

关于水族文字的来源，水族有自己的说法。

一说是水族先祖陆铎公创造的。相传，他花了 6 年时间创制文字。当初，水族文字“多得成箱成垛，堆满一屋子”。后来，因陆铎公利用水族文字为一个小孩推算出与其神母见面的日子和方法，惊动了天皇。天皇认为，水族文字太厉害，他怕人们掌握了水族的文字后，难于对付，就派天将用装着火药的小葫芦骗取小孩的欢心，结果，小葫芦里的火烧了装着水族文字的房子，只剩下压在砚台下的几百个字。陆铎公怕再遭天皇算计，只好凭记忆把文字装在肚子里，谁也偷不走。因此，水族文字只剩下口传心记的几百个字了。

三都县水书先生相互学习　（潘政波提供）

二说水族文字是陆铎公等六位老人在仙人那里学来的。仙人根据这六位老者说的话，又叫这六位老者把水族地方的各种牲畜、飞禽和各种用具，在沙地上画个模拟的图样来看看。仙人边看边点头，过后就根据这些图样造成了“泐虽”（水族文字）。泐虽的字比较古怪，需要硬记硬背它的音和模样。这六位老人经过了6年的学习，终于把“泐虽”学到手，并记在竹片、布片上带回家。不料在回家路上，有五位老人不幸病逝，剩下陆铎公历尽千辛万苦才把“泐虽”带回家，却被一个叫“哎任当”（水语即不认识的人）的将“泐虽”抢走，最后只剩下一本。陆铎公凭记忆把一些字记下写出，但字数已大大地减少。同时，为了避免“哎任当”的再次谋害，陆铎公故意用左手写字，改变字迹，还将一些字反写，倒写或增减笔画，从而形成了流传至今的特殊的水族文字。①

三说水族文字是纳良从月宫中外公那里学来的，他顺绳子缒下地面时，被狠心的舅舅变成的毒蚊叮咬，摔断了右手，只能用左手默写外公的文字，因此，字是反写的。

水族文字之所以得以流传至今，是依托于《水书》的传承，用水文字书写的《水书》是水族先民的一部古巫书。

水族先民笃信超自然力的鬼神。水族民间至今还保留着众多的占卜，诸如竹卜、石卜、草卜、蛋卜、鸡眼卜、巫卜等。如果将这些占卜称作巫文化一般的现象的话，那么，《水书》则是集巫文化之大成的巨著杰作。《水书》向来在水族人的心目中是崇高的。水族的婚嫁、丧葬、营建、出行、节令、生产、祭祀等，一举一动都要受《水书》的制约，都依《水书》择定而行。《水书》在水族整个社会生活中至高无上，尤其在水族的巫事活动中有举足轻重的地位。人们称《水书》是水族古老的宗教文化典籍，“是水族先民卜筮的成文的经典著作”，“是

---

① 来源于网页：http：//culture.gdcct.gov.cn/myth/1201112/t2011122/_637073.htm#text.

水族原始宗教的集成”。

从《水书》的行文体例看，大多数现象是先注年、月、日、时，然后注吉凶兆象这与甲骨文先注占卜时间，接着注吉凶兆象极为相似。我们可以这样说，《水书》有甲骨文时期的文化记忆。

从《水书》的内容看，水族学者王品魁先生研究认为，《水书》的源头当是从《洛书》和《周易》派生出来的。“九星”是距今3000多年以前，相传夏禹在治理洪水时从洛河中获得一只神龟，然后根据龟背上的纹路为基础，将从一到九的奇偶数分配于其上，五为中央，其他八个数则放置于四方四隅，无论以何种直线相加都等于十五。这就是《洛书》。他把《水书》中的“九星”与《洛书》作对照，二者极为相似。另外，王品魁先生还列出《水书》的“九星”与《洛书》的定位完全一致，可以说是一脉相承。因此，他认为“《水书》源于《洛书》，根据《易》卦、星象、五行之理，以五行生克制化合与干支，进而推演吉凶，预测祸福，解决疑难”。①

2. 关于端节

水族有自己的历法，每农历九月初一为岁首，八月为岁尾。他们有独特的民族风情和节日——端节，世界上最长的节日，相当于汉族同胞的春节。每逢农历八月的第一个“亥”日开始至十月的“亥”日结束，从头至尾长达49天，是世界上罕见的、活动时间最长的节日。除夕之夜，各家各户除了忌荤吃素，还要进行庄重神秘的祭祖仪式。

端节，亦称“瓜节”（音译），水语称为“借端”，意为“吃端”。水族端节源于以血缘为纽带的人们群体的民间宗教祭奠活动，是聚居在贵州省三都水族自治县境内以及散居于都匀、独山、榕江、雷山等市县以及广西南丹等县的水族民众的年节。过节日期从水历十二月至新年二月（相当于农历八月至十月）。时值大季收割小季播种的年终岁

① 王品魁．水书探源．水家学研究，贵州民族出版社，1993：276～284.

首阶段，又与先祖的逝日、葬日和迁徙有关。因此，端节是辞旧迎新，庆贺丰收，祭祀祖先和款待亲友的传统节日。过端节的日子按地域分批分期来过，批次按亥日而定。端节的主要活动为祭祀祖先和赛马。以贵州三都较为典型，当地端节活动程序和内容，相对比其他各地要完整，气氛亦相当浓烈。

广西水族居住比较分散，与外省水族山乡相距较远，多半住在各县城区附近。过端的日期自然也不列入上述期限，而是各自选定日期开展活动。如河池南丹水族选择农历九月初九过端，初九这天吃素，初十开荤。除了同村屯的民众早上轮流到各家去吃酒外（必须家家都吃到），四乡八寨的亲友也来过端，参加节日走坡、赛马、唱歌、吹芦笙、跳铜鼓舞等活动。

热情好客的水族人拿出腌制好的酸鱼酸肉款待远来的宾客 （黎炼摄）

考察水族端节来源的传说故事，可以把握和了解水族端文化的内涵和民族特征。流传于贵州三都、独山、都匀等地的《端节的由来》说：古时候，水族祖先拱登牵群结队，扶老携幼，从很远的地方溯江来到三洞定居。若干年后，子孙多了起来。三洞地盘养不活那么多人，就叫孙子们到外地去寻找安身之处。分手时，大家约定第三年的水历年底，都要各自带着丰收果实回来团聚。第三年，大家都按预定时间，骑着马，驮着丰收的谷物、瓜果回到三洞。为了庆祝他们的团聚，从此，就把这一天定为端节。由于当时只有一端节，而且各地都要上三洞来，有诸多不便。为方便人们互相走访，团圆相聚，后来经大家议

水族端节上吹芦笙的场面　（于志新摄）

定，才分批过节。从传说本身来看，它叙述了水族先民拱登在三洞地方繁衍生息、艰苦创业的历史。从民族学角度看，其实质是：水族是由若干不同血缘的小共同体（或部族）在同一地域长期生息之后所组成的大共同体。过端则是水族中具有同一习俗或同一血缘的小共同体的遗风。其复杂的批次就是说明这一支系是由无数部落联盟所组成，并且各个批次大多是以血缘家庭为基础的组合。如今，许多地方同批过端节的人们即使远徙他乡，分居二三十代，依旧不相互通婚，并且保持该批端节的特点，就足以说明端节是以血缘为纽带的群体的宗教祭祀活动的发展与演变。其社会功能当初主要是加强本民族部落内部的团结，抵御外来势力的压迫与排挤，维护民族利益与自尊，增强自己的自豪感与自信心。①

---

① 潘朝霖．水族的借端．黔南民族节日通览．黔南布依族苗族自治州文化局编印．

广西的传说是两兄弟开山锄地种小米，眼看就要收获时，一夜之间小米就被鸟吃光了。后来小米娘娘派她的两个女儿来援助，重新长出了小米穗。但是好景不长，正当人们准备过端节的时候，小米又被凶恶的山霸王用武力强占去了。人们被赶到山弄里，重新种小米。而过端节的日期被迫往后推迟。在这种背景下，水族部落联盟间各个氏族团结联系、同舟共济、互助互爱以适应新的环境，共渡难关。这样，端节成了民族团结，欢庆聚会的纽带。这种团结互助、同舟共济也体现在过节的形式上，即采用同一血缘氏族分期分批过节，互相轮流探访的方法加强联系、团结自强。

3. 关于马尾绣

虽然很多民族都有刺绣的优良传统，但以马尾绣为名的刺绣，还是鲜为人知。

闻名遐迩的水族马尾绣，被誉为中国刺绣的活化石，靠心灵手巧的水族妇女代代相传，保留至今。尽管历史久远，仍然尚袭古老传统的乱针、扎针等刺绣法，其刺绣出来的色彩浓重明快，龙、凤凰、花、鸟、鱼、蝙蝠等图案，线条分明，栩栩如生。所绣图案既有象征吉祥如意的花纹，能驱邪避恶，又有照耀万物生长的日月星辰图像，充分反映了勤劳勇敢的水族人民对自然的原始崇拜和美好生活的憧憬，是研究水族民俗、民风、图腾崇拜及民族文化的珍贵艺术资料。

马尾绣用料考究且工艺繁杂。在中国的刺绣艺术中，马尾绣的独特之处在于用马尾刺绣，其刺绣工序是先用洁白如雪的丝线缠裹 3～5 根马尾，将缠好的马尾丝线毫无破绽地连在一起，按所设想的图案一针一线地绣在自己编织的土布上，丝丝镶嵌，勾勒成各种各样的精美图案，再配以五颜六色的丝线丰富所绣图案的色彩，最后用金色的小铜片点缀其间。这样，绣品闪闪发光，耀眼夺目，整个刺绣品类似彩色浮雕，精美绝伦。

关于水族马尾绣的历史，相关资料上未见记载，但这是一门传承了上千年的技艺，是水族先民智慧的结晶。这种以丝线裹马尾制作图案的刺绣方法，有两个较为明显的好处：一是马尾质地较硬，图案不易变形；二是马尾不易腐败变质，经久耐用。另外，马尾上可能含有油脂成分，利于保持外围丝线光泽。

水族马尾绣花背带　（杨兴斌摄）

在当地，人们把是否精通刺绣作为判断一个姑娘是否心灵手巧的标志。马尾绣的主要产品形式有马尾绣背带和马尾绣花鞋等。这里的姑娘出嫁，母亲必须备一条马尾绣小儿背带作为嫁妆送给女儿，预祝早日生儿育女。刺绣的技法种类有平绣、马尾绣、空心绣、挑绣、结线绣及螺形绣等。马尾绣工艺十分复杂，采用此工艺制作的绣品具有浅浮雕感。

二、“四绝”传四海

水族是我国有本民族文字的民族之一。文明程度相当高，在各地流传的“四绝”，标志着这个民族是个较早进入文明时代的民族。

1. 一绝为水书先生

《水书》是水族的独特文字，是一种类似甲骨文和金文的古老文字符号，记载了水族古代天文、地理、宗教、民俗、伦理、哲学、美学、法学等文化信息。同时，《水书》也是水族古老的宗教文化典籍，是水族先民在卜筮过程中已成文的经典著作。水书先生是那些能看懂《水书》，“能与鬼神对话的人”，被称为“鬼师”或“师人”。专家学者们以“先生”称之，表明了对他们的尊敬。这是因为，每位水书先生都是一座水族文化“活着的博物馆”。在水族人的日常生活中，婚丧嫁娶、逢年过节、红白喜事、新屋修建与落成……水书先生都起着举足轻重的作用。

三都县三洞端节祭祖仪式 （潘政波提供）

千百年来，《水书》与水书先生的传承一般通过两种方式，即祖传和选择徒弟传授。无论是哪一种，都只传男性，不传女性。水书先生的传承已经出现了“断层”。如果一个“水书先生”过世了，一座“水族的博物馆”同时消亡了。如今流传下来的水书文字只有800多个，而水语语言丰富，很多语言找不到相应的文字书写和记载。《水书》上记载的那部分，也仅仅是水书先生口头相传的30%左右。

2. 二绝为时间最长的节日

如前所述，端节被称为世界上最长的节日。水族有许多传统节日，最隆重的当推端节。从水历十二月（农历八月）第一个亥日起，至水历新年二月（农历十月）期间，主要以亥日，亦有以午、未、申、酉、戊日为节期，按古老惯例分地区、分期、分批轮流过节。

赛马大会是端节活动里最精彩的节日。水族人吃过年酒后便成群结队、兴高采烈地从各村寨赶来这里，端坡顿时人山人海。青年人赶端坡不仅仅是为了看赛马，也是年轻的后生们在美丽的水族姑娘面前展现自己才能的好机会。赛马，也叫“挤马”，听到出发号令后，骑手们策马扬鞭，在山谷互相冲闯，在拥挤的人群和狭窄的山道中挤出山谷向坡顶冲去，先到坡顶者为胜。

3. 三绝为最浪漫的“东方情人节”

“千年祖先立卯坡，同心台上把话说。如敢真心定情爱，石神面前

青年在歌场上　（佚名摄）

把誓约。”这首在三都县广为流传的水族情歌，源于古时候水各寨的一对青年男女雯和彩。他们郎才女貌，在对歌时一见钟情，用歌声抒发彼此的爱慕。忠贞的爱情战胜了重重阻挠，在仙姑的帮助下，有情人终成眷属。水家儿女们认为到“仙人桥”上对歌，会得到天仙的护佑，得以姻缘美满，情侣们在石神和树神面前山盟海誓，矢志不渝。所以，卯节又称“东方情人节”，多在水历九月、十月（农历七月、八月）举行。过卯节，既喻含庄稼丰收，也含有人丁兴旺之意。在这样遍野花开的时节里，未婚的水族男女们，以歌相识，以歌相会，以歌言情，成就了许多美满姻缘。久而久之，就约定成俗了。

4. 四绝指刺绣“绝品”

水族马尾绣不仅色彩鲜艳，图案美丽，在日常生活中，马尾绣还有着深远的意义和影响。水族女子出嫁后，生育第一个孩子，马尾绣背带是娘家探视新生孩子的必备礼物。每个水族女子的一生中都只能得到娘家送的一副马尾绣背带，就算婚姻变故另嫁再生，娘家也不会再送。

马尾绣制作工艺讲究、制作步骤烦琐，水家女子凭着自己对生活的所见所闻，把在生活中感受的点点滴滴，全部宣泄在这布面上，挑绣成各种图案。所绣的这些图案还只是一个空心的框架，还需要由螺形绣或结线来填充，最后再缝上金光闪闪的金线，一共要经过 52 道工序才算大功告成。

马尾绣绣品除了制作背带外，马尾绣尖角鞋、马尾绣童帽、马尾绣钱包、香包等，都各具特色，精美无比，堪称刺绣中的绝品。水族马尾绣到底有多长的历史，《水书》及相关资料都无记载，只凭聪明贤惠的水族女子们世代相传，才保留至今。在水族传统节日里，男子们赛马，女子们身着马尾绣盛装，构成了一道最动人的风景。

第三节　在歌声与古话中奋进

水族丰富多彩的民间文学在西南和南方地区有一定的影响。其中歌谣和民间故事伴随着该民族的生产生活，激发和激励广大水族人民在逆境中奋进，从远古时代走到现在，以至走向遥远的将来。无论在作品的思想内容方面，还是在艺术形式方面，均具有鲜明的特色。

一、韵味无穷的民间歌谣

水族歌谣是水族民间文学重要的组成部分。水族人民在漫长的历史长河中，创作和锤炼自己的歌谣，其民间流传的歌谣内容丰富多彩，形式多样，歌手辈出。

从内容上分类，水族歌谣可分为开天辟地歌、迁徙歌、生产劳动歌、民俗风情歌、婚嫁习俗歌、喜事庆贺歌、恋爱谈情歌、苦情逃难歌、丧葬习俗歌等，每一类歌又可以分为若干个小类，如恋爱谈情歌可以分为初识歌、初恋歌、相思歌、约会歌、定情歌、别离歌、青春歌、惜春歌、离婚歌、逃婚歌等。如《初识歌》：

昨夜屋里灯花开，知道今天有客来。
客人就是好阿妹，阿妹是个好人才。

阿妹是个人才好，柳眉秀眼蜜蜂腰。
今日同妹初相识，未曾开腔心发跳。①

① 潘月法唱，王光荣译。

从形式与结构上分类，水族歌谣可分为单歌、双歌、兜歌、调歌、诘歌等。其中，单歌、双歌居多。

单歌，是水族歌谣品种之一，流传于广西南丹、宜州、融水和贵州独山、榕江、三都等水族地区。这是和双歌相比较而言的称谓，每首歌词能独立表达一个完整、独立的情感。演唱时，既可独唱，也可合唱、重唱。另外，在用单歌对歌时，每次咏唱也只唱一首，而不像双歌那样唱一双或一组。

单歌编唱自由，长短自定，少则三四句，多则几十句上百句。虽然有着与双歌完全一样的曲式结构，都有歌头、歌尾镶嵌，但其音乐性格及形式特征与双歌的歌头、歌尾迥然不同。如果从音乐性格、特征的角度分析，双歌、单歌之所以能独立存在，就是因为这歌头、歌尾的截然差异的缘故。

单歌反映的题材相当广泛，在水族的创世古歌中，就有不少是以单歌形式演唱的。燕宝记译的古单歌可谓是鸿篇巨制。潘玛演唱的《造人歌》从初造人、初开天开始，一直唱到洪荒神话兄妹再造人烟结束，足有240余行。另一首古单歌即由潘静流演唱的《造人歌》有320余行。

水族歌谣常采用赋、比、兴、排比、重章复沓、拟人、夸张、设问、隐喻等修辞手法，结合运用民族信仰、审美情趣、民俗事项等资料，使歌谣独具自己的民族特色。

水族歌谣的曲调变化不大，旋律较简约，但歌词因时、因事、因人、因物而变化、发展、丰富。水族古歌形成之后世代传承，其内容与格调变化不大，成为研究水族社会历史文化的重要资料。

水族传统歌谣没有固定的句数，短的两三句或四五句为一首，长的可达数百句为一首。传统歌谣的名型结构，以三四分节的七言句居多，四言句、五言句、八言句等较少出现。其押韵方式是头韵、腰

(腹）韵、尾（脚）韵回环交织相押，用韵多，变韵快，朗朗上口，便于记忆流传。

随着汉文化的传入，汉族很多优美的民间故事传入了水族地区。有一些故事经过水族歌手的改造、加工，并注入了水族的审美观之后，变成水族地区喜闻乐见的歌篇，其中以《梁山伯与祝英台》最具有代表性。

双歌，是水族另一种歌谣形式。双歌可以分为两类：一是敬酒、祝贺、叙事的双歌；二是带有寓言性质、有说有唱、兼有简单表演的综合艺术型的双歌以及逐步演化为说唱结合的曲艺，简称为说唱结合双歌。不少专家学者认定带寓言性质的这类双歌已具备曲艺的特征，建议改名为水族的曲艺。由于传统的阅读习惯，本书依旧把两类双歌合并在一块进行评介。

说唱结合兼有简单表演的双歌，曾以寓言性的双歌作其名称，后经不少专家讨论，认为这类双歌已具备曲艺的特点，应列为水族曲艺类双歌。我们依旧沿袭民间称谓，姑且称之为“说唱结合的双歌”。

说唱结合的双歌的基本结构是：一是说白，二是呼唤式的歌头衬腔，三是吟唱主体，四是感叹式的歌尾腔。这种形式多出现在情节比较简单、故事性较弱的寓言式双歌中。这类双歌较多，是水族双歌的最主要部分。在少数故事情节相对复杂、篇幅较长的寓言式双歌中，这种形式则可能反复出现，说白与吟唱散韵相间，复沓交替。①

水族民间歌谣中有相当部分属神话古歌，其内容主要是赞颂创世或为人类造福的神仙。如仙婆牙娲是水族远古神话中最高权威的主神，人民称赞其本领最大，开天辟地，普造万物，不论在神话传说或古歌中，其显赫、神圣的地位无与伦比。

---

① 潘朝霖，刘之侠主编．水族双歌．贵州人民出版社，1997：308.

二、千里水乡颂古话

水族丰富多彩的民间故事，是该民族精神文明的重要作品之一。水族虽然有自己古老的文字“泐睢”，但还不是通行的文字。因此，其文学的主流是水族民间口头文学，几千年来均以口耳相传的方式传承下来，直至近现代才逐步出现极少量以汉字记录或创作的文学作品。这是水族人民认识自然、改造自然，认识社会、改造社会，以及对生产生活的体验总结和自娱自乐的成果。这些成果历史地、艺术而形象地反映了水族人民绚丽多彩的社会面貌，以及对人生美好的追求与向往。

水族民间故事依文体分类，可分为韵文体和散文体两大类。韵文体的作品为歌谣、说唱类。散文体按其内容和形式，可以大致分为神话、传说、故事、寓言、童话、谚语、谜语等类别。内容上，有节日及相关习俗的传说，有婚亲幻想传说，有女性传说，道德训诫故事，地方风物传说，以及喜剧笑话故事等。

然而，无论是哪类传说故事，其情节大都与鱼有关，这可说是该民族传说故事在内容上的一大特点。以下是几则有代表性的故事。[①]

端节的由来

先祖拱登“叫人下田去抓来一篓活鲜鲜的鲤鱼圃放在水里，然后叫各支家族派一个人作代表去摸鱼，按鱼的重量多少来定先后”，分批分期过端节。

水族为什么住木楼

拱祥老人的儿子和儿媳早早过世，他带着年老的妻子和

---

① 黄桂秋．水族故事研究．广西人民出版社，1991.

两个小孙子，在龙女的指点下，来到竹林中鲤鱼潭边住下。饿了，打鱼吃；渴了，喝潭水；冷了，在温暖如春的竹林边搭间房子。吃了一两个月的甜鱼，拱祥和妻子发现自己的眼睛越来越明亮，白发变得黑油油的，脸上的皱纹没有了。两个孙儿也变了，孙子长得又高又壮，孙女长得又苗条又俊秀。两老说不出这些变化的理由。后来龙女变成鲤鱼，告诉拱祥及乡亲找木头做木楼，躲过了洪水。

百褶裙哪里去了

美丽勤劳的姑娘阿秀，因为帮众人找水，脱离了迁徙队伍，被一群野狼追赶，突然一条大江挡住了阿秀的去路，向前无船，向后有狼，正在这时，只听江里一阵水响，一条无鳍鱼从波涛中窜出来。它游到江边，鼓着一对眼睛望着阿秀，然后翻身又把水拍打三下，摇身一变化成一棵两抱粗的大杉杆子，漂横到岸边。阿秀连忙爬上树去，杉树马上往江上一横，眨眼工夫就漂往对岸去了。追赶阿秀的狼群追到江边，望着乘坐杉树漂走的阿秀，只得一阵干嚎。

鲁班造鱼

鲁班常帮助水族人修房造屋制农具，水家人都用上好的糯米酒款待他。每当鲁班喝醉了，唯有吃鱼汤才能早点醒过来。那时候都柳江没有鱼，水族人就翻山越岭到清冰江上游打鱼来给鲁班食用。鲁班很受感动，决心报答水族人的好客之情。他用杉树枋子和木板制成各种各样大小不等的木鱼，往都柳江甩去，从此都柳江就有了各种各样的鱼。

上述故事反映的是鱼在作品中扮演的仅仅是次要的角色。而有些故事是以鱼为主角。这类故事一般是以拟人化的幻想手法，通过一个完整的故事来刻画鱼的性格形象。

鱼姑娘

月亮山上月花湖畔有个穷后生阿珍，每天以上山砍柴下湖捕鱼为生。一天他捕到一条金色的大鱼，拿回家中放在水缸里边，骤然一声巨响，金鱼变成一个红衣女郎。阿珍与鱼姑娘结为夫妻。贪婪好色的县官知道后，百般刁难，想找借口抢走鱼姑娘。阴谋失败后，县官带着随从围着茅屋，强逼鱼姑娘嫁给他。鱼姑娘决心用生命来维护她对阿珍的爱情，使尽全身解数，呼风唤雨。顿时，电闪雷鸣，大雨倾盆，洪水滔滔，很快把好色的县官和他的随从淹死了。由于鱼姑娘使尽仙术，失去人形，只能化作彩虹挂在天边。

阿榕与满免卡

满免卡（鱼姑娘）不愿做龙王的儿媳妇，爱上了穷孤儿阿榕。龙王放出两条大蟒到人间去咬死阿榕。满免卡暗中保护，阿榕没有被咬死，但被毒涎喷瞎了眼睛。满免卡用刀刺破手臂，接了满满一碗血，灌进阿榕嘴里。阿榕眼前忽然一片光明，但是满免卡却失去人形变成一条金色鲤鱼。阿榕骑上跑龙马，奔上月亮山顶，跟同仙王要了一张弓、十支神箭、一包仙药和一个盛着天水的竹筒，赶回月亮山玉屏洞。仙药使满免卡恢复人形。阿榕和满免卡骑上跑龙马飞向南方，到了广西。在那里过着男耕女织、恩爱美满的生活。

漂洞传奇

后生懈共因偶然机会沿着岩洞来到阴河，一条大红鲤鱼把他带进龙宫，不久，大红鲤鱼变成红衣姑娘。龙王告诉他

大红鲤鱼本是郡守小姐，因出城游春时被土司追赶，逃躲无法只好跳河自尽，被恰好路过的龙王救回龙宫，收为干女儿。懈共听后决心惩罚土司，为小姐报仇，于是和龙王父女共商对策。懈共回到寨里后，故意在土司面前亮出几颗珍珠。贪婪的土司要懈共带他进洞。第二天一早土司带着一帮家奴，拿着口袋，进洞取珍珠。懈共带着他们来到深水潭边，指着对面岩上银光闪耀的地方对土司说："那就是珍珠，潭中有块石头可以踩脚过去。"等到土司一帮人踩上石头刚落脚，那石头突然沉下水底，把他们一伙全淹死了。原来，大"石头"就是红鲤的背脊。

水族先民在远古时期的文学创作，主要围绕天地山川、日月星辰如何形成，人类及动植物怎样起源等主题而展开。这些题材重大、范围广阔、内容深邃的远古时期创世纪神话与传说，是水族文学史上最光辉和灿烂的作品。这些作品主要包括仙婆牙娲（牙巫、伢俣）开天地、造万物，人龙雷虎争天下，殷公（恩公）踩拓天地，洪荒遗民兄妹再造人烟等神话传说。

除了文学创作，水族还经过漫长的实践，创造和使用本民族的历法。水族的历法与汉族的夏历基本一致。不同的是，水历以夏历八月为岁末，九月为岁首。从八月底至十月初的端节，是水族最隆重的节日，水语称"借端"，相当于汉族的春节。节日期间举行赛马及跳铜鼓舞、芦笙舞等活动，并举行盛大的宴会。部分水族过卯节，即以水历九月、十月卯日为节日。

第四节　身着碧玉带　绚丽展芳容

水族的民间艺术多姿多彩，各色各样，其刺绣、剪纸、银饰、蜡染、石刻和建筑技术都闻名于中华大地乃至全球，这里，着重介绍其服饰工艺技能。

服饰，是人类最基本的物质文明之一。人类祖先为生存和繁衍，本能地用树叶、兽皮和羽毛等串连在一起遮蔽身体，这就是人类最早的服饰。水族人民在漫长的历史进程中，创造了多姿多彩的服饰，展现了他们高超的工艺技能。尤其是女性服饰，不仅色彩斑斓、艳丽多姿，而且工艺不凡，刺绣功夫高强。

水族男装从 20 世纪 40 年代起就与周围汉族服装无大差别，倒是妇女服饰至今仍保留有鲜明的民族特征。

水族服饰　（黎炼摄）

水族女服多以水家布缝制，为无领大襟半长衫或长衫。长衫过膝，一般不绣花边。节日和婚嫁盛装与平时截然不同。未婚女子便装喜用浅蓝色、绿色，大襟右衽长衫，衣长及膝，收腰收袖，显得较贴身，衣裤的边缘不作任何装饰，胸前佩戴绣花长围腰。梳独辫盘于头上，外包白底黑杠方格巾或白色长帕或青色长帕，着青色长裤。已婚妇女的袖口、坎肩、裤脚，都以一道蓝杆花边作装饰，同时坎肩、袖口及裤脚要镶上斜面青布大花边，外缘又镶上两花条。将长发梳成一把从左至右盘旋于顶，再从左侧插梳子加

以固定并作装饰，习惯罩上黑白格子或白色、黑色长条头帕。在榕江兴华、塔石、雷山达地一带的水族女子服饰，衣裤较为紧小，上衣开衩较高，衣摆圆，坎肩花边沿双肩向背部呈椭圆状。

水族女子盛装保留了近现代水族女子服饰装束的风格。盛装女子把长发盘绕于顶，用银簪、银梳固定，然后插上各种银花。盛装制作精制，上衣为对襟无领宽袖短衣，挽袖，袖口着白色水波浪花边装饰，左右胸部用压花银片纵排装饰，以银扣着点缀，颈部戴多个银项圈、项链，下着青色中长百褶裙，内穿齐膝统裤，裹绑腿至膝，脚穿尖钩花鞋，裙外右侧腰间配长约尺许的银球蝴蝶针筒，腰系长腰带于后腰处打结，并留尺许飘于身后。

现代水族尖头翘鼻布底鞋　（孔兰平摄）

水族在服饰色彩上的特殊审美观，一方面与他们谦恭含蓄，感情内向的伦理道德规范有关；另一方面，他们欣赏的色调与他们生活的绿色自然环境是和谐一致的。因为蓝色、青色是冷色，往往同浓荫、清泉等的清爽柔和相一致，在他们心理上产生安定祥和之感。

关于水族服饰，有诸多的传说。如为防毒蛇镶花边。大多数已婚妇女的衣服镶有花边。传说很早以前，水族人民居住的地方山高林密、杂草丛生、毒蛇为患。一个名叫秀的水族姑娘，用彩色丝线在衣领、袖口、襟边、裤脚上绣上一条条红红绿绿的花边，又在鞋上绣上一些花草。她穿上这身衣裤和鞋子，独自去深山密林中砍柴，果然毒蛇见了她就逃走了。此后，水族妇女绣花边的衣服逐渐传承下来。

水族的纺织和印染技术有相当高的水平。百余年前就已闻名远近的“水家布”，纱质细，织工精细均匀，染色深透，耐洗不褪色。除平纹布外，他们还能织出“人字纹”、“斜纹”、“花椒纹”和“方格纹”等多种纹样。

水族人民独特的豆浆画印染技艺，相传已有七百年的历史。他们先将硬纸板镂成各种花鸟及几何图案，然后将模板平铺于白布之上，再刷上特制的黄豆浆，待豆浆干透后即浸入靛液缸中浸染，最后洗净晒干刮去豆浆，即呈现出蓝底或青底白花图案。

盛装的水族姑娘 （吴东俊摄）

水族人民还擅长刺绣，尤以马尾绣独具特色。

第三章

有根有底喜相会　成方成圆众人心

第一节　先民心目中的世界

世界上有没有神？辩证唯物主义者的回答为非也。然而，同地球上所有民族一样，水族先民心目中有一种能够创造和主宰世间万物的神仙。他们崇拜这个神、那个神，其中，牙俣就是各地水族奉为救世主的女神。水族社会也就在古老的神话中诞生，并从原始时期不断发生变化。水族人从神话时代一步步走到今天，走向未来。

相传牙俣（亦称“牙仙”、“牙巫”、“牙线”）是一位既和普通凡人一样有血有肉，又具有超人能力、可创造一切的女神，她也就成了水族先民心中的偶像，水族人民将她作为精神的依托。

在神话《牙俣造天地》中，牙俣用尽全身的力气掰开天地，在天地中间猛吹了一口气，天地就在一声巨响中，裂开成两半，左边一半成天，右边一半成地。刚造成天地时，天还一直倾斜。为了防止上天倒塌，牙俣就去铸造铁柱和铜柱来撑天。接着造星辰和太阳。由于用力过大，一下子造出了 10 个太阳，晒得地上万物干枯，江河断流，牙俣又拿出铜箭和铁箭，射掉 9 个太阳，只留下一个太阳在天上。这是水族人的说法，是水族先民的观念，也是远古时期水族先民一个艺术创作。他们用自己的才智，描绘他们心中的世界。

水族的牙偰不仅开天辟地、创造人类，还从事造人、造物。其造人的方法亦多种多样，能量更大。这也许是因为水族思路更为复杂，想象力也显得更加丰富。

除了开天辟地造人烟外，神话古歌还叙说了牙偰教人造房屋、造谷种分季节、分宗开亲，笃定婚姻、造树、造桥等。正是牙偰的丰功伟绩，水族人民奉其为仙、为王，在水族人民心目中享有最高的荣誉。女神牙偰是水族原始母系社会母性崇拜的产物。同其他民族一样，水族在历史上也曾经历过血缘婚、族外婚、对偶婚等以女性为中心的母系氏族公社阶段。这个时间距今一两万年至七八千年以前。距今六千年左右，水族先民居住在岭南河流密布、森林茂盛、气候温和、条件优越的自然环境之中，生产已按男女性别不同进行分工，妇女一般在住地附近从事采集野果和原始农业、制作食物、缝制衣服、养老抚幼等活动；男子则外出狩猎或捕捞各种水产，过着渔猎为主的生活。此外，由于当时处于群婚阶段，两性关系不稳定，子女知母不知父，血缘关系只能按母系方面确定。氏族成员死亡后，个人所有的少量财产也只能由母系的血缘亲族关系来继承，这就决定了当时为什么妇女普遍受人们的尊敬。

时代发展至今，过去那种母系氏族制度已一去不复返，但在水族语言中，仍保留着对女性崇拜的遗痕。如在女性人物和所有阴性鬼神、天象、植物、无生物的中心词前冠以阴性的词缀“尼”音：在人称上，母亲叫“尼尼”，伯母叫“尼劳尼”，婶婶叫“尼低尼”，妻子叫“尼牙拟”；对于动物，龙叫“尼嘎”，虫子叫“尼内”，黄牛叫“尼波”……

不言而喻，古代水族生产方式是个体与群体共耕互助结合的一种形式，亦或叫作原始时期共耕合作制残余形式，有人将其称为原始生

正在田间耕作的水族妇女　（谢光辉摄）

产方式的“孑遗”。[①] 具体生产方式是刀耕火种。当时的社会组织是一种群体的形式，其组织者也就是个小的部落头，这与其他民族没有多大的区别。不同的是他们的集团力量更小更薄弱。这种生产方式形式，一直沿袭至20世纪50年代。即使到了21世纪初期的今天，那些边远山区也仍然保留着这种后进生产方式。

第二节　水深火热山里人

“土宜五谷，不宜牛耕，但为畲田，每岁易。”当地土著“散在山洞间，依树为巢而居。汲流以饮，皆自营生业。无赋税之事”。[②] 这是水族先民封建时代初期生活生产方式的真实写照。

---

① 潘朝霖，韦宗林主编．中国水族文化研究．贵州人民出版社，2003：37.

② 《新唐书》卷二二下．《南蛮下》．中华书局，1975.

同其他少数民族一样，在漫长的封建社会里，水族社会处于各个动荡时期，水族人民处于水深火热之中。

水族，以“水”之称，却不是依赖着水而生存的民族。他们早早就离开了南海沿边，经过长途跋涉，散居于黔西、黔南和桂西北山区，大都远离于江河，从来源上讲，已与水没有多大的关系。从地理方位来说，水边是条件比较优越的地方，而水族先民由于被驱赶，不可能长居于条件优越的地方。

自秦汉时期水族定居于现今分布地后，在唐朝以前的千余年一直沿袭着原始的生产方式，经济发展十分缓慢，尤其是刀耕火种的生产方式没有发生根本的变化。到了唐代，由于中央王朝对水族地区的控制不断加强，水族开始与中原地区汉族有了交往，汉族先进的文化对水族社会产生了积极的影响，水族社会生产力有了一定的发展。但当时绝大多数水族地区经济发展水平仍然十分落后，刀耕火种的生产方式亦无多大的改变。唐朝主要以羁縻方式对少数民族地区进行间接统治。所谓“羁縻”，即“马笼头”和“牛缰绳”。封建统治者视少数民族为“夷狄”。一般通过笼络和利用少数上层人物，对少数民族进行统治。168 年唐王朝建立后，唐高祖随即实施“怀柔远人，义在羁縻”的政策，以加强对少数民族的统治，并对归附的少数民族上层封官授爵，目的在于“推怀柔之道，开抚纳之意”。① 到唐太宗时，则正式设立羁縻府、州、县，委任归附的当地少数民族上层为都督、刺史、县令，并规定这些官职皆得世袭，以笼络人心。唐代在边疆普遍设置羁縻府、州、县，因其数量十分可观，故有“羁州之州八百”之说。② 唐代在水族地区设置羁縻州、县，主要有：贞观三年（629 年），大姓首领谢元琛入朝，以其地设应州，赐谢元琛为刺史，下领都尚县（今贵州三都

---

① 《册府元龟》卷九百三十六，中华书局，1960 年影印本．

② 王溥．《唐要会》卷七十，江苏书局本．

都江）、应江县（今贵州榕江）、婆览县（今贵州三都恒丰）等羁縻县。同年大姓豪长南谢首领谢强入朝，以其地设南寿州，授谢强为刺史，次年改南寿州为应州，下领石牛（今贵州独山）等羁縻县。贞观十三年（639年），置环州（今广西河池），领有8个羁縻县，其中的思恩县地域包括今贵州荔波县东南部，为水族聚居地区之一。

从元朝至清雍正年间，封建王朝在水族地区普遍设置土司机构。元朝建立后，在少数民族地区除普遍设立土府、土州、土县等机构外，还设置宣慰司、宣抚司、安抚司、招讨司、张官司等土司机构以加强统治。为加强对各级土司的管理，元朝政府在土司的任免承袭、纳贡应征等方面都作了严格的规定，使土司制度趋于完备，为明朝继续推行土司制度打下基础。水族地区土司制度与唐宋时期的羁縻政策相比较，尽管本质都是“以蛮制蛮”，但在土司制度下，地方与中央的关系已发生变化，而且集中表现在中央对地方的控制明显加强。

水族地区土司机构最著名的有荔波蒙、皮、雷三姓土司和都江甲找白土司。在水族地区，荔波建置出现比较早。早在唐朝贞观三年（629年），就设置婆览县（今贵州三都恒丰，原属荔波），玄宗开元元年至天宝三年（713～744年）在今天荔波县境内设置劳州和莪州。到宋代，于开宝三年（970年）设荔波州，隶属广西庆远府。宋亡元立，传说荔波被蒙、皮、雷三姓土司割据。元代在荔波设蒙、皮、雷三姓土司，这是目前所知的水族地区最早实施土司制度的地方。

在土司制度下，水族原来封建领土制下的土地所有制关系开始发生变化，汉族土司采用佃租地大量募人耕作，将封建地主制经济的生产方式移植到水族地区。如明初烂土土司占有所谓的“俸田”即“塘田”和“印田”近百亩，均租给佃户耕种，收入对半分成。[①] 这是典型

---

① 《贵州民族调查》之九，贵州民族研究所，贵州民族学研究会编。转引自潘朝霖，韦宗林主编．中国水族文化研究，贵州人民出版社，2003.

的封建地主与农民之间以实物地租形式表现出来的生产关系，它摆脱了领主制经济下土地对农民的人身束缚，从而提高了农民生产积极性，推动了生产力的发展。到明末清初，大部分水族地区已实现了封建领主制经济向封建地主制经济的转化。从唐贞观三年（629 年）起到 1259 年南宋灭亡的 630 年间，在羁縻政策下，水族地区封建领主制社会性质没有发生太大的改变。从元代在水族地区开始实施土司制度起至明末，短短的 300 年间，水族地区持续近千年的封建领主制即发生根本的动摇，直至被封建地主制所取代。最主要的原因是土司制度更能与当时水族社会经济发展水平相适应，即土司制度比羁縻政策更能推动水族社会经济向前发展，并最终促进水族地区封建地主制经济萌芽、成长、壮大。这也是土司制度之所以能在水族地区长期保留下来的另一个重要原因。

改土归流后，清朝政府进一步理顺水族地区行政区域的隶属关系，以加强对水族地区的统治。除在所谓新辟“苗疆”都江设厅派通判等流官驻其他地外，还于雍正十年（1732 年）将广西荔波县划归贵州都匀府管辖，加强了对荔波地区的统治，改变了广西行省过去对荔波行政管理鞭长莫及的松散局面。

鸦片战争以后，西方资本主义将侵略魔爪逐步伸向中国内地，扩大自己在中国的势力范围，对清政府的统治构成严重的威胁，面对西方列强的入侵，清政府为保全自己在中国的统治地位，委曲求全，割地赔款，处处让步，将经济负担转嫁到广大劳动人民的头上也就成为必然，水族地区也不例外。此外，地方官僚地主的巧取豪夺，强行摊派，也是加重水族人民的经济负担的重要原因之一。鸦片战争过后，地方官僚地主对水族人民的盘剥日盛一日，有增无减，从水族地区许多“禁索”碑上，我们不难看出，地方官僚地主对水族人民的剥削已到了十分严重的地步。

到了民国时期，水族地区人民应缴的各种苛捐杂税的名目有五大类数十个小税目。又由于水族地区人祸天灾频频，其中以匪祸兵燹最为突出，以致民不聊生，几无宁日。

第三节　桂北山区“十六水”

广西水族居住在交通闭塞的桂北山区，远离政治中心，历代统治势力鞭长莫及，长期处于“以其故俗治”的状态，由其民族首领自治。清代以前，以十六水、十六里作为水族或水族居住地区的代称，以至后来作为整个水族的统称。

十六水，亦称十六里，作为传统社会组织，流行于广西融水、南丹、宜州等水族地区。最初源自自愿组合而成水族共同体，作为山区里16个部落的总称，后衍变成水族联盟，又由此衍变成水族大寨，即相当于16个水族大寨。下设若干小寨，相当于一个片。每个片即一个大寨，设有一正一副两个头领。每个小寨有一小头领，专门负责族内事务。一旦与异族异邦发生冲突，大寨头领带领所管辖的各个小寨组织族人共同御敌。有些地方以十六水代称所有的水族人和水族人居住的地方，其含义进一步扩大。

经过较长时期的衍变，十六水逐步成为各地水族的联盟组织，有一个总头目，下以寨子为单位，设一头领，治理族内事务，以十六水和寨联盟抵御来犯之敌。中华人民共和国成立后，十六水联盟逐渐消失。

“十六水”这一社会组织其实不仅在广西流行，在贵州水族地区也一样有这种说法。据潘朝霖、韦宗林主编的《中国水族文化研究》所叙：“十六水”源于古代组合成水族的16个大部族或部落，此后用“十六水”代表全体水族或整个水族地区。水族芦笙舞的舞裙有16根

下垂的飘带，据说就是代表水族16个部落实现联盟、团圆的标志。水族的年节有端节、额节、卯节、苏宁喜节以及春节、七月半6个，加上端节古分九批，今存七批，卯节又分四批，而且过节的日子不是固定某月初几，而是年年要靠水书先生推算确定。水族年节种类、批次、时间推算显得十分冗繁复杂。水族年节的繁杂，正表明水族由许多氏族部落组合而成，"十六水"就是一种概括的说法。因为"十六水"泛指全体水族或整个水族地区，所以蒙、皮、雷三姓土司统治区域的荔波，张姓土司统治区域的三合（三都）的史籍，都提及"十六水"，其范围还包括原都江县甲找白姓土千总（民间称为白土司）管辖的范围。可见"十六水"的地域范围都超越了单方土司统治的行政区划。

水族寨老在卯节上祭水　（吴东俊摄）

上述文字从民俗的角度解释了"十六"形成的依据，让人们一说起"十六"就会联想到水族具有特色的民俗风情。实际上，"十六"也代表了古代水族16个部落居住和活动的地域，只是因为天长日久，这些部落的成员不断地与内部和外部相关人员融合为新的社会组织，因

而就难于寻找出哪些部落是居住在哪些地方，后世水族人哪些是属于哪个部落的后裔。

另外，水族有睢柳、睢米、睢干等三大群体板块之分的称谓，正好对应三洞、潘洞、安阳三个土区范围的划分。这种现象既反映水族的形成，在突破血缘氏族模式的基础上，实现了文化民族的发展，又反映水族文化是由多元文化、无数个支系组合而成的历史事实。因此，水族的“十六水”，是古代组合成水族共同体的16个部族的总称。各部落有头领，往往以头领之名命其居地，此后又可能演化为姓氏。由于人口的繁衍发展，就形成了同一姓氏总地名之下的若干村寨的分布格局。由于又出现局部的迁徙，就形成后世相对集中而又犬牙交错的居住分布现状。

水族历史上以头人名字给其居地命名的实例很多。如都匀王司地区的翁降、翁条、翁勇、翁高、翁了、翁布、翁奇、翁照、翁教、翁凯、翁朝、翁闹、翁排等地名，就是开发都柳江源头地区时，用镡子（汉音译为翁，若译为瓮则音义相符）装银子分给名为阿降、阿条、阿勇等头人去建寨分关把守，逐渐演化成后世的地名。① 开放三洞地区同胞兄弟“仰、扛”，后来繁衍分化为两大婚姻集团，因此“仰、扛”又分别变成辖同宗氏族数个禁婚村寨的两个总地名。“仰”氏的村寨有板南、板龙、板干、板合、板闷、采流、采丛、弄院以及板劳、干独两寨的大部分。“扛”氏的村寨有达便、寨罗、善哄、定成、梅山、水各、弯寨等。但是现在却无法考证两方当初主体村寨的地点。“这就是说，水族居住的地区共有十六个总地名，比如，水潘、阳安、水冬、天星、水婆、和勇等。在每个总地名下包括同姓的若干村寨，它根本不是胡、万二氏所谓大寨辖小寨的关系。由于历史变迁，十六水或十

---

① 潘朝霖．礼失求诸野——水族历史资料蕴藏于民间．采风，1986（2）．

六个地方今天已很难准确地数出来。”① “所谓‘十六水’即是水族对自己群体聚居区慰藉的一种泛称”。② 这就是“十六水”源起流变及含义的概貌。

随着历史的发展变迁，加上水族还没有可通行记录自己历史的文字，如今已很难确认“十六水”初始部落的名称姓氏及村寨的具体分布地点，但是，这并不影响其流行和内涵的界定。只要自称“睢”、“人睢”的人类群体存在，“十六水”将永远流行下去。

第四节　妇幼欢庆日　孝敬母体神

在前面已经介绍了许多水族的节庆活动，其中，有与居住地区民族共度的春节、端午、中元、中秋、冬至等，也有独具本民族特色的端节、卯节，但有个奇异的节日还没有介绍，那就是水语称为“苏宁喜”的妇幼节。在贵州省三都水族自治县恒丰乡等地，有一部分吴姓的水族同胞在每年水历四月（相当于农历的十二月）丑日仍过这种奇异的节日。水语的“苏宁喜”，意为四月丑日，少有的尊敬，儿童则唱着歌提着竹篮挨家挨户讨年饭，度过一个幸福的节日。

苏宁喜节起源于人们对掌管生育大权的生母娘娘“尼杭”（与汉族的送子观音相似）的崇拜。尼杭是牙花散、牙花离、牙花术、牙花隆四位仙女的总称。因此，这个节日又被称为“娘娘节”。相传很早很早以前，气候炎热，瘟疫流行，许多小孩早殇，人丁不旺，水族人口繁殖面临巨大的威胁。正在人们一筹莫展之际，生母娘娘在四月丑日这天来到凡间，用红纸剪成许多小孩的模样，趁夜深人静的时候，悄悄

① 王品魁，莫俊卿．水族来源初探．贵州民族研究．1981（3）．

② 石国义．从睢的寻踪论及水族的源流演化与民族过程．贵州民族论丛．贵州民族出版社，2002.

塞进女人的怀里，使她们受孕得子。为了感谢尼杭赐予儿女，使水族能够繁衍生息下去，人们便在水历四月丑日这一天摆设供品酬谢她，以后就发展成了一个节日。这个节日以恒丰乡和勇村的吴姓水族过得最为隆重，可以说是这部分水族的年节。

节日这天，妇女儿童会受到特别的优待。祭祀尼杭由家中年长的妇女主持，祭毕，所有祭品归家中妇女儿童享用。不仅如此，平常再凶恶的男人也不在这一天打骂老婆孩子，否则被认为是会得罪尼杭，招来祸患，甚至还可能带来断子绝孙的严重后果。少年儿童成群结队，提着小竹篮，唱着歌，挨家挨户讨吉利的年饭更是这个节日一道独特的风景线。总而言之，这一天是妇女儿童尽情欢乐的日子，没人敢向她们派工作。

四月丑日这天，是尼杭下凡送儿送女到人间的日子，少年儿童到家来，是大吉大利的事。喻意着这家将来儿孙满堂，人丁兴旺。所以他们的到来，都会大受欢迎，得到盛情接待。主人要拿出早已准备好的红糯米饭、猪肉、糖果、红鸡蛋等分给他们。直至今天，三都县恒丰乡的吴姓水族仍然把苏宁喜节当作他们的年节来过。

苏宁喜节以敬奉生母娘娘尼杭为主题。祭祀尼杭的时候，要设主祭席来祭祀她，同时还要设一副祭席来款待牙却。牙却是水族多神崇拜中，一个有名的小气鬼，传说她心胸狭隘，而且最爱闹别扭。如果对她稍有怠慢，她就会施展法术让人特别是小孩罹患各种怪病杂症。为了不让牙却为非作歹，降祸于人间，人们想出了摆设副祭席的办法来安抚牙却。这也是苏宁喜要设两张祭席的原因。

水族还保留有不少骆越人的遗俗。民间传说《敬霞节的由来》[①] 间接反映了水族从骆越母体分流迁徙的场景。

---

① 潘朝霖，韦宗林主编．中国水族文化研究．贵州人民出版社，2003.

敬霞节的由来

相传水族原来居住在一处叫隔鸟河的地方，当时人们和睦相处，一直靠捕鱼为生。后来人口增加，河里的鱼虾越来越少。一天，一位长者又到河里捕捞鱼虾，他捞了很长时间，除了捞到一块石头外什么都没有捞到。他把这块石头扔掉后，又到别的地方去捕捞，结果还是捞到这块石头，老人觉得很奇怪，仔细端详才发现这块石头形状与众不同，很像人形。于是把石头带回家给大伙看。突然，这块石头开口说话："现在你们靠捕鱼已经不能维持生计，大家必须分头各奔东西，迁居到其他地方，才能生存下去。"人们听从了石头的话，分头离开了隔鸟河。水族的祖先顺着河往上游迁徙，找到了土地肥沃、雨水充沛、鱼虾丰富的好地方，过上了富庶的农耕生活。12 年后，人们怀念故土，不约而同地回来看望，结果发现隔鸟河已无影无踪，人们见面互不相识，大家的衣着不仅各式各样，而且所说的话也不一样了。为了感谢石头的指点，人们决定每隔 12 年举行一次盛大的祭典，把这块石头当作水神来供奉。于是就形成了敬霞节。

《敬霞节的由来》从一个侧面反映了水族从骆越族群分离出来的情形。这个传说提示我们：水族的祖先原来靠捕鱼为生，这与古代越人的生活方式完全相同；由于人丁繁衍，仅靠捕鱼已无法谋生，人们才从骆越母体中分离出来各奔东西，最终形成语言服饰互异的不同民族。

水族敬霞节一般在水历的九十月间的酉日或辰日进行。不同地区有不同的年限间隔。短的两三年一次，长的 6 年或 12 年才举行一次。

敬霞活动有其严密的组织，这种组织被称为霞组织。霞组织一般

水族古老敬霞节　（吴东俊摄）

由12个村寨组成，每个村寨就是霞组织的一个单位，称为“股”。每个霞组织都由寨老担当负责人，负责对敬霞活动的组织筹备和协调工作。敬霞活动所需要的资金和物资，均由各股筹措均摊。

敬霞实际上就是供祭一块外形与人体形态相似的石头。这块石头又被称为“霞石”或“霞神”。敬霞节中的敬霞（石）活动有敬真霞和敬假霞之分。敬真霞（石）要秘密进行。这是因为人们笃信，只要哪个地方得到霞石，就会得到霞神的保佑；相反，失掉霞石，今后就会多灾多难，农业生产就不会有好的收成。所以平常霞石都埋藏在地下，不让其他人知道，以防止被盗等意外发生。

敬霞是一个具有丰富内涵的民俗活动，这种民俗活动包含着浓厚的原始宗教自然崇拜成分，人们相信，只要虔诚地敬奉霞神，必定精诚所至，金石为开，她定会保佑当地风调雨顺，人寿年丰。

第五节　奇特的婚育习俗

1. 同姓通婚

水族大多以同宗家族为单位聚族而居，单一姓氏的村落的村寨十分普遍。这些水族村寨实质都具有血缘亲属关系。因此，也存在同姓开亲的现象，如三都县延牌、恒丰等地的部分韦姓和三洞的部分潘氏就可以同姓开亲，但仍遵循同宗不娶和五服之内不嫁的原则。为了使同姓通婚习俗顺理成章，水族先民们以本民族民间故事《倒栽杉》和《破姓开亲》对此作了解释。《破姓开亲》对三洞地区潘姓开亲也作了解释。

倒栽杉

很久以前，廷牌、恒丰一带方圆数十里都是韦姓，结亲嫁女十分困难，因为要到很远的地方才能找到对象。大家都很着急，于是找到寨老殷公想办法。殷公说最好的办法就是同姓开亲。大家听后，都觉得不妥，认为同姓开亲有违天意，犹如杉树不可倒栽一样。殷公说既是天意，我们不妨倒栽杉树一试，如果倒栽杉树能够成活就证明同姓是可以开亲的。大家都赞成殷公的说法。经过五年的试验，第六年倒栽的杉树终于成活。人们采纳殷公的劝说，同意同姓开亲。因为前五年倒栽杉树没有成功，大家又规定要五服以外才能开亲。

2. 使用特殊圣物

水族配婚程序相当复杂，说媒和吃定亲酒（又叫吃小酒）是其中必不可少的两个重要环节，而鱼作为一种圣物，展示在婚礼之中，并

被认为是水族祖先的影子。无论在年节祭祖还是丧葬祭奠亡灵中鱼往往是必不可少的祭品。史载水族“婚嫁与仲家相似，丧葬食鱼，宰牛马至祭……”[①] 在水族婚姻缔结的过程中，鱼充当着生物的角色。在荔波、九阡等地，水族请媒人提亲的时候，男方母亲悄悄把包好的几条小干鱼置于盛着礼品的竹篮底部。而女方之母收到礼品时，也首先查看竹篮底是否有小干鱼。若应允婚事，则收下礼品和干鱼。[②]

贵州都匀水族的“背妹送亲”　（覃伟摄）

新娘出阁之前，要设祭席祭祖，祭品中鱼更是必不可少的。祭毕，新娘还要象征性地吃一筷鱼，以祈求祖宗保佑一生幸福美满。水族以鱼作为婚姻的圣物并非偶然，与水族的图腾崇拜以及与水族属农耕型的民族有直接的关联。

3. 夫妻同房不同床

无论新婚夫妇还是老夫老妻，分床睡觉，性趣来时再合欢，这是水族一个规矩。新婚之夜，新娘由伴娘陪同到天亮，即回门娘家。有的当天返回夫家，有的则要小住几日后才回来。回到夫家后，新娘即脱去嫁装，与家人一道操持家务干农活，成为夫家成员之一。这一天新婚夫妇才开始正式同房过夫妻生活。水族聚族而居，个体家庭中，儿子成家后大都要分家而过，父母一般与小儿子同住，由小儿子负责养老送终。水族夫妇平常生活中，夫妻在夜间都是分床而卧，即便是

① 爱必达．黔南识略卷十．荔波县志．贵州人民出版社，1992.

② 潘朝霖．水族鱼图腾析．广西民族研究．2001（3）．

要过性生活，也要等到夜深人静的时候再悄悄进妻子的卧室与其同房，之后又悄悄回到自己的床上睡觉。

4. 求巫育儿

与其他民族一样，水族对生儿育女、延续后代同样十分重视，并由此产生了与之有关的各种习俗，以保证孩子的顺利出生、成长，以达到人类种族延续的目的。

求孕求子。男女成婚，组成了社会最基本的细胞——家庭，接着生儿育女，延续后代成为家庭的最主要的任务。青年夫妇久婚未孕，必须要寻找原因，采取措施确保怀孕生育。

“煖桥”是水族地区比较古老的一种未孕求子习俗。《说文解字》解释：“煖，温也。”所谓的“煖桥”就是用供品供祭新修的人行便桥，并用稻草在桥边焚烧，以此祈求送子娘娘早日过桥将一男半女送到久婚未孕的夫妇家。

敬菩萨，是水族地区最常见的求子活动之一。水族称菩萨为“哥散”，是汉语“菩萨”一词的水语音译。但水族的菩萨与佛教中所说的菩萨不是一个概念。水族的菩萨主要是自然界中的石头、古树、水井等，这是水族崇拜自然的结果。

修石（木）凳，也是水族地区求子中常见的巫术活动之一。与搭桥一样，修石（木）凳的方位和时间都有严格的要求。地点都是在路边大树下，以方便路人坐下歇息为佳。如果送子娘娘在送子途中不是因为河沟所阻，而是因为路途遥远不能如期到达，那就根据过阴的指点到某地修石（木）凳。

供奉地母娘娘。水族认为地母娘娘是给人间送来子女、掌握生育大权的天神，也是水族鬼神观念里众多鬼神中少有的善神之一。在水族社会中，特别是在人丁不旺的家庭里，地母娘娘是最受崇拜的对象。在其他地方，一些重大的节日甚至是平常的日子，也要供奉地母娘娘

以求家庭人丁兴旺，儿孙满堂。在水族家庭中我们还常常看到，有的夫妇的房间门框上常常插有几支弯弓状的“科泛”，这也是一种求子巫术。

婴儿出生求平安巫术。水族妇女生产时，都由女性接生，男人要回避，即便是产妇的丈夫也不例外。如果是难产，男主人还要立即请鬼师来家做法事驱魔逐鬼，确保产妇顺产。婴儿生下来后，主人要在大门口最醒目的地方插上草标，以此警示外人不得擅自闯入，避免给产妇以及新生儿带来病患之类的不吉。即使是外家人来看望产妇和新生儿，也有许多禁忌，特别是属相与新生儿相克的人是要绝对回避的。新生儿的胞衣（即胎盘）要深埋地下，不能让猫狗之类的动物吃到。产妇坐月期间，足不出户，只能待在家中，不能到别人家里去。产妇到别人家去将被视为给别人带来“晦气”、“霉运”，一旦违犯，产妇要在家行“挂红”之礼为他人消灾除祸。

上述举动，均带有较浓厚的迷信色彩。随着社会的发展，人类的进步，水族也不断淡化这些传统意识，只将它作为一种象征性的习俗，以求心理上的安慰及情绪上的平和。

5. 称“鱼”称“虾”辨男女

新生儿出生满一个月后，要举办满月酒来祝贺小孩满月。满月仪式还有另外一个目的，那就是以此向外人宣布产妇坐月子期限已满，可以任意到别人家串门了。不过，满月之后，产妇要背上小孩带上公鸡，先到外婆家后，才能到别人家去。满月仪礼规模，视家庭经济情况和小孩的性别而定。家庭经济富裕的或者婴儿是男孩的，规模一般都要大一些。相反，则要简单一些。受传统文化的影响，水族地区重男轻女观念较强，生的是男孩，被称为“鱼”，自然得到更多的器重，如生的是女孩，被称为“虾”，受到的器重程度远不及男孩。新中国成立后，特别是20世纪70年代以来，水族地区重男轻女的现象有了很大的转变。满月酒的当天，亲朋好友都要带上各种礼品前来祝贺。外家带来的贺礼，有衣服鞋帽玩具等，其中水族特色的背带是必不可少的。经济条件好的还要送著名的马尾绣背带。

6. 认亲拜寄寻保爷

寻保爷，实际上就是认干爹、干娘的一种形式，俗称“拜寄”、“拜契”。水族拜寄找保爷的主要原因：一是小孩身体不好，经常生病；二是命中五行缺少金、木、水、火、土之类的东西；三是小孩的属相与父母相克等。

水族小孩子寻找保爷的程序比较复杂。据潘朝霖、韦宗林主编的《中国水族文化研究》所叙：找保爷标准的程序是以所谓“水碗”找保爷。其过程是由家长先打一碗水放在神龛上，碗上放有一双竹筷，一根一尺左右的红色毛线，俗称“打水碗”。打好水碗后，主人每天都会留意是否有客人进家门，一般认为在农历每月初一或十五这两天的日子最好，在这两天中如果有客人跨进家门，俗称“踩水碗”，就被认为是小孩子的保爷或保妈（来者是女性）。来人进屋后，主人热情与之打招呼，将其已踩水碗的情况告知。同时让小孩子上前开口叫“保爷”或“保妈”。叫过保爷或保妈之后，主人即焚香烧纸供奉祖宗神位，然后将神龛上的水碗取下，让来人将其一半倒在堂屋中央的顶梁柱脚下。一半倒在大门口。并让来人将事先准备好的红毛线按性别男左女右，绑在小孩子的左或右手腕上。之后，来人依据自己的姓氏为小孩子取名，如来人姓王，就称小孩为王××，以此表示小孩拜寄给来人，是来人的干儿子或干女儿。取名之后，小孩子的家长立即下厨杀鸡宰鸭，款待客人。席上，主客双方均以亲家互称，同时商量好正式认保爷的具体日子。到此，找保爷仪式告一段落。

孩子满月后，父母为他“找保爷”，即拜寄认干爹、干娘，祈求其平安和健康成长。从正式宣告认保爷的当天起，小孩的亲生父母就为

保爷双亲准备每人一套衣服，包括上下衣、鞋袜等，并带上若干斤酒肉公鸡等礼品，到保爷家拜见保爷。保爷家也要准备一套衣服和一副碗筷给小孩，以此象征小孩能吃快长，身体健康。当天，保爷要安排酒宴，款待宾客。酒席上，小孩保爷家所有的长辈和同辈的兄弟姐妹，双方家庭成员按照辈分互相称呼，关系融洽，亲如一家。此后，每逢年过节，双方都要相互来往，以此加深感情。其中，拜寄的一方更要积极主动。拜寄的小孩每年过年还要带上一只公鸡或其他礼物去拜见干爹、干娘及家人，表示不忘保爷保佑之恩，使自己健康的成长得到保障，实现生养孩子的愿望和目标。

7. 除灾免受“将军箭”

将军箭，也叫“指路碑”、“指箭碑”、“挡箭碑”，是水族地区一种较为特殊的保佑婴儿和儿童健康平安成长的民俗事项。婴儿出世到长成少年（一般为十一二岁），由于各种原因，生病或受伤，即被认为其命中了阴间的“将军箭”，故也要仿制将军箭抵挡阴间的那个“将军箭”。所谓“将军箭”，即人们认为在所立的挡路碑上有一位阴间防护的将军所携带的锐利武器，其任务是防射一些恶鬼，保护世人健康生活。也有些婴儿或孩童不小心，撞上了“将军箭”，就要得病，甚至夭折。

小孩如果命犯“将军箭”，最好的化解方法就是到三岔路口边立一块“指路碑”，并在逢年过节时连续供奉路碑三年，即可消灾免难。

在水族地区崎岖的山路边，特别是三岔路口边，这种指路碑经常可以看到，说明这种民俗活动十分普遍。指路碑都是石质的，一般高40～50厘米，宽30～40厘米，厚5～10厘米。碑首大多雕刻有一副蓄势待发的弓箭图案，碑文内容大同小异。立碑的地点和时间多有讲究，先由鬼师测算小孩命犯何方“箭将军”，然后才能选择这一方向立碑，否则就不能挡住这一方向射来的“箭将军”，达不到保护小孩生命安全的目的。立碑的时间是鬼师推定的所谓良辰吉日。立碑的时间、地点确定后，家长随即出钱请来石匠保证在立碑时间到来之前刻好指路碑。此外，主人家还要准备公鸡一只以及酒肉糯饭香纸之类的供品备用。立碑的当天，家长背上小孩，邀请两三个亲友帮忙抬碑来到事先已选定好的地点准备立碑。指路碑立好之后，主人家要杀鸡摆设供品献祭，并拔下几撮鸡毛蘸血粘贴在碑首上作献祭的标志。供祭完毕，还要将酒肉糯饭之类的供品分送给路人吃光才算吉利。以后至少连续三年，凡逢年过节，还要备上供品供祭指路碑。有的甚至供奉到小孩10余岁才停止。

8. “收嚇”叫魂镇恐惧

“收嚇”是水族地区一种常见的为婴幼儿镇定惊恐，消除恐怖心理的巫术活动。“嚇”在水族地区是惊吓、惊恐之意。水族人普遍认为婴幼儿受到惊吓之后，往往会丢魂失魄，出现昼夜烦躁不安、啼哭不止、身体不适等不良症状。在这种情况下，通过“收嚇”巫术来化解。

在水族地区，懂得收嚇的巫师俗称鬼师，鬼师与过阴一样也是准宗教职业者。与过阴不同，鬼师多由男性长者充当。请鬼师收嚇要准备几斤米、一点香纸和几块钱送给鬼师作报酬。收嚇的时间一般为傍晚时分，由母亲背着需要收嚇的小孩亲自到鬼师家去，请求鬼师帮忙为小孩收嚇。仪式开始前，鬼师先焚香化纸，然后口念咒语，请求神灵为小孩驱魔逐鬼，消除恐惧。最后，鬼师还用口水蘸上锅烟抹在小孩前额上作符咒，再烧上三根香让小孩的母亲拿着，然后立即背小孩回家。鬼师还特地叮嘱回家途中如遇到熟人打招呼，也不能答理，要不然小孩的魂魄又会被魔鬼勾去。回到家中，小孩的母亲还需要把带回的三根香插在小孩的床头边，走到大门口轻声呼喊小孩的名字，叫他（她）回家，然后立即转身进家，关上大门，表示已经把小孩的魂魄引进了家。至此，整个收嚇过程才告结束。

第六节　择地定居　祈求昌盛

水族选择定居地讲究风水龙脉，选择所谓地质开阔、风和景明的阳地作为安身立命之所。水族是一个恋土如亲，安土重千的农耕型民族。定居之地一旦选定，除非天灾人祸否则不轻易搬迁。他们认为祖宗选中的居住地就是一方风水宝地，一旦搬迁，就会推翻原来的人寿年丰、六畜兴旺的美好生活。村寨多依山傍水，周围绿树翠竹环绕，房屋纵横交错，道路迂回曲折，村边寨内鱼塘随处可见。聚族而居是水族村落文化的显著特点。一个村寨十几户、几十户甚至上百户人家，而且同宗共祖有血缘关系的村寨往往相距不远，同姓而居极为普遍，数姓杂居极少。

水族石刻古墓碑　（骆富杰摄）

贵州省榕江县高兴水族村寨为保护当地风水宝地龙山的龙脉不被破坏，于清明道光十九年（1839 年）九月二十三日由众寨老潘老里、潘老究、潘老五、蒙开甲、吴国贤、吴登弟等人共同议定刻碑于龙山脚下。碑文强调龙山风水龙脉关系到全寨的生存和发展，“关系地方重大，于是公同聚议，将主章程刊碑存列于左：一议封此龙山周围上下，不准进葬，亦不许私卖与外人伤害地方，倘进葬、卖者，地方革除，送官究治。二议山坡各管各业，还有挖山种土该问主人。挖者栽树木与山主，倘有忘（妄）挖，众等革除境外”。由于人们一直都愿意共同挤在祖先既定的村寨建房安家，加上人口不断增加，建房越来越多，宅基地越来越少，再加上人们建房讲究方位，人的属相、生辰八字不同，房屋的朝向也各不相同，所以许多水族村寨布局零乱，道路曲折迂回，显得拥挤不堪。

水族房屋多为五间木质结构楼房，是典型的“干栏”式建筑。下层饲养猪、牛、马、鸡蛋、鸭等家畜家禽，并旋转犁、耙、谷桶等家具什物。有的也把厨房设在这一层。上层是起居室。正厅堂屋为客厅，正对厦门的墙壁上供奉有祖宗牌位等，当地俗称“神龛”。

水族居住区处于亚热带，多雨潮湿，树林茂密，豺狼虎豹野猪经常出没其间。水族居住“干栏”住宅，正可避免地面潮湿和野兽的侵害。水族木楼，一般分上下两层。下层是整个上层房屋的承重部件，因此先修好基脚，根据木屋间架结构的性能，屋基只要求按地形用块石安稳柱脚即可，一般不要修整屋基平面。下层柱粗（直径一般在 30 厘米以上），柱身榫眼用穿枋纵横联结，每排底柱上端扣架粗大的原木作为横梁，梁与梁之间铺着垫木，俗称“楼枕”，枕上铺着宽厚的楼板（多为松树或枫树解成的板子），形成平整的楼面。上层屋架，一般每排为五柱四瓜（或称十一檩水步），也有五柱六瓜（或称十五檩水步）。木楼为穿斗式结构，在柱与柱之间用穿枋组成网络。特别是上层屋架柱脚扣枋为鱼尾式的斗角衔接，是水族木工在干栏建筑中最出色的创造。柱脚扣枋的这种鱼尾式“斗角”结构，牢牢固定每根柱子的方位。

水族村寨　（谢光辉摄）

顶上再用檩子卡住各排柱头和瓜头，各部衔接处都是齿榫铆紧，使建筑物整体性强，十分稳固。下层的抵柱和横梁与上层排架必须对应，俗称“柱顶柱”，这使木材抗压的性能得到了充分的发挥。

“干栏”建筑是古越人的遗风，是由“巢居”习俗发展而来的。作为越人后裔的水族在居住建筑上完整地继承了古越人的建筑风格。直到唐代水族地区巢居现象仍然非常普遍。干栏式建筑是南方闷热潮湿气候的产物，是古越人与大自然作斗争过程中的一大成果。

与中国南方山区其他民族不同的是，水族房屋朝向最忌讳正南方位，《水书》认为南方是火工之位，房屋建成后容易失火。水族房屋开间也有讲究，均取单忌双，五间房最常见，少则三间，多则七间或九间。水族建房要选择吉日方能动土。建房前先平整好地基，然后在土耳其上立木柱，柱与柱之间用长木枋穿拉固定，柱高约 2 米，这些柱子既做底层的框架，又是上层的承重基础。房顶多为两面倒水（即两面坡）的“人”字形或“金”字形。水族的房子许多地方是卯榫结构，坚定牢固，经久耐用，一个房间存放几千斤的粮食或其他货物都不成问题。

修房造屋是人生大事之一，许多人常以自己一生中能够建造住房而引以为荣。为把住房建好，许多人常常为此做很久的筹备工作。除需要准备资金以及大量的木料、瓦等建房物资外，还需要准备数百斤大米、米酒和一两头肥猪等以备款待前来帮忙的亲友。水族的起造习俗最大的特点是一切都以《水书》作依据。从地的选择至动土的日期时辰，从上梁的时间到乔迁搬家的日子等，都要水书先生根据《水书》来确定。

有的水族家庭因为子女都在外工作，家中没有后人居住，有的是另建新房旧房无人居住或举家搬迁，在万不得已的情况下，才把自家的旧房卖给他人。水族卖房的时候有一个原则，那就是“卖房不卖梁”。地可以卖，屋上的瓦可以卖，柱子楼板门窗等都可以卖，唯独房梁不卖。水族人认为，人要有脊梁才能够昂首挺胸，干栏式建筑要有房梁才能够巍然屹立。房梁在水族人心中的地位是十分神圣的，建房的时候，上梁是水族建房中的大事。首先，要对作为房梁的原木作精挑细选。大小适中，结疤少而直的原木是首选，房梁的原木还讲究两端的粗细要几乎一样，忌用一头粗一头细，首尾不一的木材作房梁。梁选好之后，上梁的日子时辰更是要严格推定，上梁的当天还要举行隆重的庆贺仪式。上梁前，还要用一张正方形的大红布对角包裹房梁的正中央，有条件的家庭甚至还要用薄片状的白银包裹中央，象征吉祥如意。上梁之日，全村人都来帮忙，时辰一到，贴着红纸象征吉利的大梁很快被众人肩扛手举送上房。此时整个工地上鞭炮齐鸣，人声鼎沸，犹如过节一般。大梁安装稳妥之后，主人还要用一匹一丈多长的青布从大梁上垂挂下来，象征即将建成的新房能够一家人和睦相处，福泽绵长。此外，上梁完毕，有的还从房梁往下洒梁粑，以及抬来几

大箩糯米饭供人任意取食。上梁的当天主人要杀猪大宴宾朋，以示答谢。

水族人将衣服晾晒在屋外的竹竿上　（黎炼摄）

水族房屋建成，乔迁的日子定下来后，要举行“敬火”仪式。“火”为“阳”，新房建成后，在新房堂屋神龛前举行“敬火”仪式的目的就是把阳气带到新家，象征以此搬进新居后的日子红红火火，人寿年丰，六畜兴旺。

敬火的时辰也有讲究，一般多在夜间进行。敬火的程序不太复杂。一般由夫妇两人先准备一盆燃烧旺盛的炭火放在堂屋中央，还要准备一些香纸蜡烛及鸡鱼米酒之类的供品。此外，家庭日常生活用品如柴盐油米等也是要同时搬进新居的。敬火的时候，先在堂屋神龛前供桌上摆放各种祭品，点燃香蜡，供祭神龛上的祖宗牌位，祈求祖宗赐予福祉，永保全家安康。敬火之后，还要将一把象征丰收的谷穗带进屋，把象征财富的耕牛等迁进新居，至此，整个敬火仪式才告结束。

第四章

事兴事衰人为本　传宗接代盼其昌

第一节　不息的传宗①

水族人口的增长率在全国55个少数民族中，居于中上位置。据2000年第五次全国人口普查资料显示，水族总人口为40.69万人，其中：男性21.35万人，女性19.34万人。2010年第六次全国人口普查，水族人口为41.18万人，比2000年增加6947人，其中：男性21.36万人，女性19.82万人。

在2010年普查的水族人口中，非农业人口有3.49万人，占总人口的8.8%；农业人口39.73万人，占总人口的91.2%。

水族在全国均有分布，但较多是集中聚居于贵州省境内。据第三次全国人口普查统计，贵州省的水族共有36.97万人，占全国水族总人口的90.86%。另外，水族人口在1万人以上的有云南省和广西壮族自治区。贵州省三都水族自治县是全国水族最集中的县份，全县水族人口占全国半数。三都县的水族又主要集中在中和、九阡、周覃和都

---

① 本节有关三都县的数据主要来自邝福光、余怀彦．贵州水族社区人口调查．张天路主编．中国少数民族社区人口研究．中国人口出版社．

江等乡镇。前三个乡镇水族人口分别占本乡镇总人口的80%以上。特别是中和、九阡两个乡，水族人口分别占本乡总人口的98%和91%。

三都县位于贵州高原南部向桂北丘陵过渡的斜坡地带，境内90%以上属低中山地形，其中有58%的面积属岩溶化山地。当地气候温暖湿润，年平均气温在18℃以上。年降雨量超过1380毫米，全年无霜期达330多天。全县土壤肥沃，有比较丰富的森林和草原资源，地下矿藏资源已发现并开采的有铁、煤、汞、锑等，但因为藏量较少，尚不被国家和商家所重视。尽管在贵州境内水族相对集中，但从整体而言，他们居住的地带都是自然环境比较恶劣的地方。在广西，13 000多人口的水族（2008年数）就分布在宜州、都安、大化、融水等十多个县内，这说明他们曾是个被驱赶的民族，倘若不是被驱赶，他们亦可以像众多民族一样，居住在江河湖泊沿岸、沿边，过着较舒适的生活。为了生存，这个民族的祖先走南闯北，在比较偏僻的山区，寻找歇脚之地，进而在那里开垦，在那里种植庄稼，在那里过日子，繁衍后代，于是一代代传宗接代，直至如今。

勤劳的水族妇女将收割的红薯藤挑回家　（黎炼摄）

从各年龄段的人口比例看，据2010年第六次全国人口普查，水族少年儿童人口（0～14岁）占其人口的比重为27.46%，劳动年龄人口（15～64岁）比重为65.29%，老年人口（65岁及以上）占7.26%。

人口素质决定就业人数与方向。一般来说，素质越高，从事脑力劳动的人就越多，从事体力劳动的人越少；反之，从事脑力劳动的人就少，从事体力劳动的人就多。从2000年抽样调查情况看，水族从事脑力劳动工作的仅占全部从业人口的3.92%，从事城市体力劳动的比率为5.44%，从事农村体力劳动的比率为90.64%。具体地说，担任国家机关、党群组织、企事业单位负责人占从业人口的0.47%，担任技术工作的占2.37%，办事员占1.08%，商业、服务员的比率为1.83%，从事生产、运输设备操作工作的3.59%，从事农林牧渔工作的占90.64%，而从事其他工作的占0.01%。

第二节　育儿盼兴隆

生儿育女，延续后代，是人生中的重要大事之一，它关系到一个民族的生存、延续和发展。同世界上所有的民族一样，水族对生养儿育女极为重视。

盼兴隆，本来是件好事，特别是事业上的兴隆，将会促进人类的文明、社会的进步，然而包括水族在内的一些少数民族把兴隆仅仅理解成为人丁兴旺，数量众多，而不从社会经济生产方面考虑，因而出现与经济生产和社会进步不够和谐的地方。

水族的家庭规模比较大，据贵州黔东南水族较集中的地区的统计，每户平均有4.83人，略低于1982年第三次全国人口普查时全省平均每户有4.93人的水平，但高于全国平均4.4人的水平。家庭人口众多，主要是与水族多生多育的习惯有关。从调查中可以看到，有不少

7～8 人为一户的家庭，这些家庭都是由父母和未成年子女组成的简单家庭户，即一对夫妇带着五六个孩子一起生活。

水族的各类家庭规模中，以 4～6 人户的比例最高，共占总户数的 53.03％。这表明，水族家庭中的半数是由一对夫妇及其 2～4 个子女组成的二代核心家庭户。

水族人口年龄构成轻、增长快，主要是出生率高和自然增长率高所造成，机械增长在这里不起作用。而出生率高又主要是多孩率高的结果。与同一地区各民族比较，无论是贵州黔东南州还是广西河池、宜州一带，水族妇女多孩率相当高。

根据汇总资料，调查社区已婚育龄妇女中采取避孕措施的比例达 84.07％，说明水族妇女避孕比例也相当高。调查还表明，一般水族妇女不同程度地知道有关避孕的知识。据对 183 名已婚妇女答卷分析，除占总数 7.1％的 13 位妇女尚不知道避孕知识外，其余 53.55％和 39.34％的妇女分别通过计划生育的宣传教育和开会、阅读书报获得一些避孕知识。

在调查中还发现，30 岁以下和 30 岁以上的人关于理想子女的数目很不一致。前者倾向于 3 个以下，后者倾向于 3 个以上。理想子女数与经济收入间呈现出一种负相关关系。收入越高的水族家庭其对理想子女数的要求越低。调查中那些希望有 5 个甚至 7 个以上孩子的家庭，人均年收入都在 150 元以下。人均收入在 500 元以上的家庭或个人，则认为两个孩子最为理想。因为水族人口文化程度普遍低下，故生育意愿和文化程度的关系表现得并不明显。

关于孩子多的弊端，选择孩子多会增加家庭开支回答比例最高，达 41.03％，认为孩子多可以使老年生活有所依靠的占 36.81％。这种认识和当前农村缺乏老有所养的社会保障，农村经济基本上仍停留在自然经济阶段上有很大关系。

水族的生育观体现在众多方面，较明显的是生儿防老，多子多福，男儿为尊、女儿为次的思想。在这种思想指导下，生育不受到约束，生养得越多越觉荣耀，顾不上子女的健康和文化素质，也顾不上养育的能力和给社会带来种种压力。

从自然发展规律而言，生育观念与经济发展之间存在相互联系、相互制约、相互依存、相互影响的对立统一的辩证关系。生育观念的转变可影响经济的发展，正确、科学的生育观念是社会经济发展的前提，而且当人们的生育观念适合于经济发展的需要时，就会促进社会经济的发展；反之，则会阻碍社会经济的发展。经济发展促使人们生育观念的更新和转变。随着经济的快速发展，城乡人民生活有了较大的改善，许多家庭住进了新房，有了各种先进的家电，有的家庭甚至购买了汽车，生活水平好的少数民族家庭消费水平也如此。但人口众多确实是一种压力和负担，在水族地区，一些子女多、子女素质差的家庭，生活依然贫困。山区里的水族大多数属于这种状况。笔者在广西宜州市龙头乡龙潘村向南水族寨子 105 户人家作了些抽样调查，即从全寨中选取 20 对带有一两位老者、勤劳程度相当的中年夫妇作对比，其中有 4 户只有一个孩子，他们靠自己的种养和在附近做小零工的收入建起了钢筋水泥房，购买了全套较先进的家用电器，两三部摩托车，家长、主妇都有各自的移动电话，平时吃穿都比较好，可以说在当地是上等水平。另有 7 户 7 对夫妻生养两个孩子，生活正常，不贫不富，过得去，小孩上学读书，照样可以为他们交学费、杂费，没有什么忧虑。另有 9 户夫妻生养三四个孩子，他们的家庭生活就显得比前面那十多户艰难得多。虽然粮食没有问题，平时的吃穿都还过得去，但是稍微大一点的开支就成问题了，要起水泥砖房，要等国家补助，车辆（摩托）不敢买，有小孩上初中，就得向亲戚朋友借钱，这就是个鲜明的对比。

不言而喻，传统的生育观念对经济的发展有诸多的消极影响。首先，导致人口素质下降。在广西一些只有几十户人家的水族寨子到目前还没有一个大学本科毕业生，高中毕业生也找不到几个。其次，劳动力过剩。许多水族寨子因为田地少，部分劳动力无地可使，其中有些到城里打工，有些却是在村子里逛荡，日图三餐，夜图一宿。酗酒冲突，甚至动武相殴现象也不少见。再者在多子多福思想的影响下，生养多个孩子，经济生产能力跟不上，自然而然导致家庭乃至族群的贫困。

第五章

年年添丁年年旺　岁岁求实岁岁新

第一节　不高不低好时段

人口的结构和素质，体现一个民族的能耐与实力。水族在我国 55 个少数民族中，也是个勤劳勇敢的民族，无论在古代社会里还是当今高度文明的社会中，从远古的祖先到现代的大众百姓，与恶劣的自然灾害和凶恶的顽敌面前，都有很强的抗争力，并在激烈的生产生活中，孕育自己的后代，发展自己的人口。但也由于种种原因，人口的结构和素质亦有令人堪忧之处。

据 2009 年 5 月 19 日中国网报道，水族人口结构同居住地区其他一些少数民族一样，总体来说是正常的，但也出现不够协调的现象。特别是在 20 世纪 80 年代以前，人口增长速度相当快，是全国 55 个少数民族中发展较快的民族之一，排在第 20 位左右。增长过快，经济生产和教育跟不上，生活水平有下降。人口增长过快，对经济、社会发展不利，同时也会对居民的就业、住房、交通、医疗等方面造成极大困难；不能有效地遏制人口的过快增长，就不能缓解人口增长对土地、森林和水资源等构成的巨大压力。据邝副光、余怀彦在《贵州水族社

区人口调查》中的个案反映，贵州省 2008 年水族人口中，0～14 岁年龄组人口占 40.99%；15～49 岁年龄组人口比重占 44.71%；50 岁以上人口占 14.3%。这些数字不仅说明水族面临着人口的急剧增长，同时也反映目前水族劳动力负担系数较高的特点。若按 5 年为一组计算，5～19 岁的三组人数最多，平均每组占总人口的 10%以上，最高的 10～14 岁组占 16.45%。若加上 0～4 岁组，则四组人口共占总人口的 53.89%，充分反映出水族人口的增长量极大，这是近 20 年间的事情。这种情况在一些交通闭塞的地区显得更为突出。而且水族寨子都比较小，10 户人家以上的寨子比较少，多半又杂居于其他民族之中，在这种情况下，即使在某些方面得以发展，但由于底子不雄厚，发展的力度不强，缺乏发展的持续性。特别是遇上一点天灾人祸，便束手无策。

从各年龄段的人口比例看，进入 21 世纪后，随着打工潮的兴起，水族地区中青年包括育龄夫妇纷纷到外地打工，水族人口的增长率又有所回升。2000 年第五次全国人口普查资料显示，水族总人口为 40.69 万人，其中：男性 21.35 万人，女性 19.34 万人；性别比为 110.38。与 10 年前的“四普”相比，水族人口增加了 5.98 万人，增长率为 17.22%，平均年增长率 1.54%。在 15 岁及以上人口中，劳动力为 23.52 万人，其中从业人员为 23.29 万人，失业人员为 0.23 万人，劳动参与率为 87.59%，在业率为 86.74%，失业率为 0.97%。从业人口中，从事第一产业的占 90.67%，从事第二产业的占 3.57%，从事第三产业的占 5.76%。失业人员多半为大中专毕业生，也有乡下文盲、半文盲的人。

第二节　“双基”教育艰难中前行

进入 21 世纪以来，水族文化水平有所提高，15 岁及以上人口有 27.59 万人，在 15 岁以上的人口中，文盲人口 6.08 万人，文盲人口比率为22.06%，其中男性成人文盲率为9.34%，女性成人文盲率为35.72%。与1990年相比，文盲人口减少了4.87万人，文盲率下降了28.13%。6岁及以上人口35.99万人，其中，受过小学以上（含小学）教育的占75.94%，受过初中以上教育的占21.52%，受过高中及中专以上教育的占5.29%，受过大专、大学教育的占1.08%。平均受教育年数5.4年，比10年前增加1.82年。

一般来说，无论是在沿河较平的坝区或是在边远的地区，水族适龄儿童的入学率还比较高，因为家长们都愿意并设法将自己家中的适龄儿童送上学校读书。当然这种“愿意”又有几种情况：一种是真心培养孩子成才，让孩子进学校读书，学到知识和本领，将来在家庭和社会上有所作为，大多数家长属此类情况。另一种是抱着让人“代管”的思想，将孩子送进学校。即小孩尚小，做工不会做，留在家中又不放心，就将他们送进学校，由校长、老师来管管他们。然而由于种种原因，大多数儿童的父母要么叫他在家帮做力所能及的活，要么就带他们外出打工，特别是农村的女孩子往往读书读到四年级就读不下去了。在水族地区，许多小学校在校人数呈现宝塔尖式，即一、二年级的小学生人数还比较多，一个教室坐得满满的，从三年级开始，人数就慢慢地降下来，到了六

坐船的水族儿童　（黄旭摄）

年级，学生人数就寥寥无几，上初中就没有多少人了。在农村，低年级男女儿童人数基本上对等，有些地方女生还比男生多，五六年级时几乎是只见男生不见女生了。正因为如此，在农村，生活上女孩显得比男孩成熟得早，因为她们较早接触生活实践，尽管未来整体素质她们要比男孩差，但可以尽早帮助父母干些农活。因为她们始终要出嫁，始终要成为“别家的人”，所以父母对她们的成长并不重视。

还有一种情况，无论是男孩还是女孩，上到初中时，有些是自己成绩跟不上，自动辍学，有些是虽然国家实行义务教育，免交学费，但相当部分的家长还是有困难，即解决不了生活费，包括住宿费、伙食费和日常生活学习费用，于是也只好带这些子女去打工挣钱。这样，既省了上学的各种费用，又能为家里赚钱。

要解决这种问题，首先，需要水族人民加强自身的修养，提高文化素质、素养，充分认识到掌握科学知识、科学技术的重要性。其次，可以向国家申请资金，解决基础设施，改变周围的自然环境和居住条件。可以先从改变自己家乡环境和生活条件入手，逐步扩大活动范围。

第三节　人口流动带来的变化

人口的流动，也是水族在人口方面的一个突出现象。

古时候，绝大多数水族人活动范围基本上就是他们每天从住所到作业点的区域。真正的迁移对于水族女性来说，一生只有一次，即她们婚嫁时。对于绝大多数男性来说，则只能长期定居在出生的寨子里，每个男子成年后，分家时也只是在寨内搬动一次。从 2000 年第五次全国人口普查的人口迁移个案来看，有个寨子 1993～1997 年，全部迁移人口 44 人，迁出的 27 人，其中 26 人是女性婚嫁离寨，1 人是男性青年参军；另外 16 位迁进的人，是从外寨嫁进来的青年妇女。人口往返流动对孩子来说就是每天上学读书。三都县水族的孩子可到2公里外的三洞乡读初中和小学，该乡水昂和廷牌寨孩子读初中也要到乡政府所在地，前者离村寨约10公里，后者约15公里。成人赶场一般也是到此距离为止。三个社区5年期间移减少12人，平均每年2.4人，说明这里基本上是一个封闭的社区。

人口迁移流动量极少，流动迁移的范围和距离也很小。据对319名已婚妇女的调查，其婚嫁半径在0～20公里范围的占总数的88.07%，其中在5公里范围以内的又占半数以上。有2人（占调查总数的0.63%）是从300公里外嫁到此地的汉族妇女，她们是水族青年外出参军所结识的终身伴侣。她们落籍水族村寨后，给当地的生产和生活都带来了积极的影响，这仅仅是水族内部的状况。

从整体而言，如前所述，水族源自南方，其祖先是百越族群的一支。为了生存和发展，他们几度迁移，从南到北，从东到西，足迹遍布全国，客观上集中聚集区不可能很多，这就产生许多不利的因素。

在20世纪80年代以前，水族开始向边疆和内地迁移，有两种情形，一是过去老百姓为了避难，从平地迁移到山区；二是根据中央的部署，一些城镇医务工作者和各种技术人员及其家属从内地迁移到农村，支援山区建设。

随着改革开放政策不断深入人心，20世纪90年代末开始，城市商业和工业生产突飞猛进，水族村寨中青年男女纷纷外出打工，这又是个明显的流动。对于流出地来说，能够增加当地人民的收入，促进聚居区社会发展，同时也在一定程度上缓解当地的矛盾。对于流入地来说，主要是促进城市文化的多样性。

但随之也出现了一些新的矛盾，即中青年成帮成群离家而去，近的在县内、省城，远的就到外省，特别是到沿海地区，离开家乡路途遥远，家里的农活就留给那些老弱病残者，对农业生产造成不同程度

的影响。

为了解决上述一系列的问题，一些城市采取了许多针对性防护措施。如贵州三都水族自治县拟定出台了个关于流动人口农民工计划生育便民维权“十项”措施。其中特别强调，通过人口内网、流动人口信息平台、宣传栏、宣传品、人口学校和咨询点等多种形式，及时向流动人口、农民工提供计划生育政策法规、生殖健康常识和便民服务措施等动态信息，保证流动人口、农民工实行计划生育的知情权。还强调，向流动育龄群众公布辖区内指定的计划生育技术服务定点机构、开展计划生育和生殖健康服务的医疗保健机构的地址、服务项目及联系电话，为流动人口、农民工提供方便、可及的计划生育和生殖健康服务。凡流入本县所辖区内持有流动人口《婚育证明》的流动人口、农民工及时依法提供国家规定的计划生育免费基本技术服务，开展避孕节育和生殖健康检查，并如实出具《流动人口避孕节育情况报告单》；对未持有流动人口《婚育证明》的外籍流动人口和农民工应指导返回办理《婚育证明》，无证件或逾期不办理的同样做好有关服务，但按规定收取相关费用。这些规定和措施，都体现了当地人民政府对人口流动这一社会现象予以了密切的关注，并采取了积极有效的措施。

第六章

纵有千条星光道　自持万古立常规

家庭是社会的细胞。家庭制度是人类历史长期发展的产物，也是原始的本源制度之一，其他许多制度是建立在家庭之上或包含在其中并逐步发展和分化出来的。家庭制度包括婚姻制度与相应的习俗礼仪、生育制度、亲子制度、父母与子女的权利和义务、家庭财产继承制度等。其中既有法律的明文规定，又有不成文的习惯法、约定俗成和各种传统礼仪。婚姻制度规定婚姻的性质，早在野蛮时代，人们即对性关系加以限制，提出了种种禁忌，出现了家庭制度的萌芽。水族的家庭制度与众多的民族有相同、相通的地方，也有许多不同于其他少数民族的特点。

第一节　千载自圆说

水族，无论是人口相对集中的贵州黔东南地区或是居住分散的广西各地，其家庭均属小型的门户。之所以是小型门户，是因为一个水族家庭几兄弟长大娶妻了就要分家，各自建立新的小家庭，各营其业。由于居住分散，没有成片的稳定的聚居区，大部分地区的水族没有族

谱和祠堂，也没有本民族的领袖人物。

从婚姻制度上看，除了过去极少数富人为享乐或某些人为子嗣而纳妾重婚外，一般水族家庭都实行一夫一妻制。在婚姻关系中，丈夫有很大的权力，是矛盾的主导方面，妻子儿女都要服从他的意志。因此，一夫一妻制的婚姻关系并不意味着夫妻间的完全平等，现在这种实际上的不平等由于妇女地位的不断提高而有所改变，夫权意识已逐渐为平等互爱所替代。水族的家长一般由男子担当，财务多由女主人掌管或由家庭男女共同管理。年老的父母由儿子分别赡养。

一、男子当家

同我国众多民族一样，古老社会里的水族全部家产由女人掌管，这就是所谓的母系社会。后来生产发展了，男人势力比女人强，做活比女人快，生产出来的产品也比女人多，渐渐地由男子掌管一切。

关于男人当家做主，流传于贵州榕江县平永区水族民俗传说《戴银项圈的来历》写道：

> 古老时候，一家子一对夫妇有儿有女。最初夫妇俩对儿女的疼爱不分主次，可是孩子们长大了，老人就渐渐偏爱儿子，疏远女儿。而且一破惯例，要把女儿嫁出去。女儿不解，去问老人："哥哥是爹妈养的，我也是爹妈养的，为什么要把我赶出门?"老人说："兄妹做一家不行，总要有一个嫁出去才有亲戚走嘛。"女儿说："没有亲戚就没有，自古都是男的嫁出去，现在为什么要留男的在家呢?"老人说不出多少理由，就把田地分作两半，叫儿子和姑娘分头去犁。儿子分得的田，很快就犁完并栽上秧了；女儿分得的田没法犁，迟迟没有栽上秧，耽误了季节。这时老人就来劝说女儿不如嫁给

男人，女儿想来想去说；“我嫁给男人也可以，但老人的家产我一点都不得享受，将来老人百命归天，我又拿什么来安葬老人呢?”老人说：“凡是分给你的家产，我一律把它换成银子，这样，无论你嫁出多远，都可以随时带走了。”女儿同意了，父母亲把她的那份家产换成银子，制成银项圈、银首饰，让女儿打扮得更加漂亮，从此银项圈成为姑娘出嫁的财产。

水族婚姻习俗中由原先的女人当家改变为男子当家的历史性转变的过程及原因：一是父系制家庭的出现，父权的形成，是实现这一婚俗改变的根本原因。传说中的“父亲”都已完全控制支配和决定家庭财产的权利。二是人类社会的发展，农业种植经济成为物质的主要来源，使得体力强健的男子在劳动中发挥了越来越重要的作用，成为农业生产中的主要力量，家庭收入的主力军，而妇女则退居次要地位。故事中的儿子勤劳能干、支撑家庭、创造财富，而女儿不是体弱多病，就是连田也犁不了，秧也栽不下，这样，老人们自然就希望把男子留下来持家创业，女子只好被迫出嫁，别无选择。三是生产力的发展使人类物质财富大大增加，人们生产出来的产品除了维持生活消费以外，还有了剩余产品。在父权制社会里，随着私有制的出现，人们的家庭观念发生了变化，男子不仅占有财富，而且成为家庭财产的合法继承者。水族父系社会很早就执行以男子为中心，排除女性的财产继承制度，即一旦父母死后，家中财产由儿子来继承（包括田土、山林、房屋、禾仓、猪牛圈、钱米、货物、家具等）。财产要通过寨老协商平均分配给诸子，有的父母生前就主持分割，女儿没有财产继承权，只有姑娘田。而这些田，女儿只有使用权，没有所有权，死后仍归男系亲属所有。

二、家族议事好规矩

据田野考察和汉文资料表明，水族社会在家庭中，一般都沿袭着家族组织制度。家族中的年长者和辈分高者共同组成一个人数众多的“三老四公”议事会，他们按族规负责家族内部的道德评判和处理家族内部的成员纠纷。个体家庭每逢婚丧大事，都会得到家族组织成员的全力资助和协办。家族拥有公共墓地、山林、草场、水源、鱼塘或河段。“三老四公”必须负责家族大型的“拜霞”、祭祀“火神”、保寨神等宗教活动，对外代表家族参与地方性的“议榔”会议等。个体家庭中，父亲是一家之长，拥有家庭经济的支配权和对外交往权，也有赡养老人和抚育子女的义务。

“三老四公”议事会虽然只是在一个小范围内，却体现了该民族家庭制度的民主性。在一个家庭里，内部分工主要表现为男耕女织，即男子主要负责犁田耙地，喂养牛、马等大牲畜，承担农家肥、谷物收割等重体力活动；女子负责插秧、小季栽种、田间管理和屋前屋后菜园生产。日常生活中男子对外参加社交活动并保证家庭有一定的经济收入来源，妇女操持家务、饲养生猪、家禽、酿酒和织纺等。一般人丁较少的家庭，多数几代同堂，

水族古老祭霞节　（吴东俊摄）

只有多子农户才承袭树大分丫、崽大分家的传统。分家时，必须请家族的“三老四公”出面监督以保证分家析产时的公正，分家后，父母大多与小儿同住。在家庭中，只有男子有财产继承权。

水族社会讲究树立整体形象。同一姓氏聚族而居，村落内部强调长幼有序，并遵守世代相承的家规传统。

三、传统家规与婚俗

水族旧时奉行族内“异姓开亲”的原则，并形成了一种民族婚姻制度和风俗。青年男女，恋爱自由，但婚姻由父母包办。如在水族聚居区的实际联姻过程中，潘、韦等水族大姓，由于人口众多，致使男女婚配成为大问题，故通过“倒栽杉”的形式，实行破姓开亲。婚姻的缔结分提亲、问亲、定亲和结亲等几大阶段。提亲和问亲多由媒人去进行，一旦亲事定下，即择日举行“定亲酒”。

水族婚庆场景　（广州集成图像有限公司提供）

定亲之日一早，男方派出一对叔伯兄弟夫妇于择定的日子，同媒

人一道，携带彩礼以及架子猪、公鸡等前往女方家，张罗酒席，女方亦相邀自己的房族兄弟前来相陪。午饭时，由媒人动手杀鸡，并以鸡眼占卜亲事的吉凶，开餐后，双方需商定结婚的日期并议定彩礼的数目。此后数日，女方房族各家依次宴请男方的代表，亲事就此订成。结婚时，新郎不出面，由媒人带领童男童女各一人以及迎亲的数十人队伍，抬着猪肉、糖果、坛子酒、糯米粑等前往女方家，迎亲队伍还须携带双方议定的礼金和特制的锯齿镰刀、竹篾穿串的金刚藤叶和竹编鱼笼，意表“嫁娶不亡古、子孙多发达”。新娘出阁时，撑伞出门，由其兄弟姐妹和嫂子等几十人陪同，行进中，忌讳与同日出嫁的新娘相遇，若两接亲队伍面对面相遇不能避开时，新嫁娘要互换礼物以示吉利。到新郎家后，新娘要择吉时入阁。届时，新郎家中的所有宾朋和家人必须退出屋外，大门内侧放置铜盆，盆内点燃桐油灯，盆口罩上筛子，大门坎上放置马鞍，鞍上再放置一块木板，新娘必须从木板上以左脚跨鞍入门。新娘入阁时，由一老妇手提鱼罐在前牵引，跨鞍入门时，老妇要从鱼罐中用青竹叶或稻谷草蘸水轻轻在新娘背上拂拭，以去邪纳吉。新娘入阁之后，当天必须返回娘家，名曰：“回门”。回门之后，有的地方新娘还有一段较长时间的“不落夫家”习俗。水族人家通常婚后生下第一个小孩时才另立门户。

第二节　时代追随者——水族婚俗

婚姻，是人生的大事。婚姻习俗，是人类的文化积累，是人生五大礼仪（生育、成年、婚娶、祝寿、丧葬）中一大类别。婚姻家庭制度也是社会所公认并被人民普遍遵循的婚姻家庭关系的规范体系。作为社会制度组成部分的婚姻家庭制度，是建立在一定经济基础之上的上层建筑，具有上层建筑的共性。反之，作为一定社会利益体现的婚姻家庭制度，是婚姻家庭的自然属性与社会属性的有机结合，是一定社会中占统治地位的婚姻家庭形态的集中表现。水族婚姻习俗，除了前面说过的圣物、盛礼等奇异风俗外，还带有许多历史性的说法。其中“嫁男变嫁女”、“破姓开亲”和“打伞御雷”就极具时代性和民族特色。

一、嫁男变嫁女

按照一般的说法，结婚又称“嫁娶”，女子到夫家落户叫嫁，男子接女子作妻子叫娶。正如民俗学家黄桂秋在《水族故事研究》中所言：现代水族社会的婚姻家庭一般都是男娶女嫁，就是家中没有男丁，也只抱着兄弟或堂兄弟之子为嗣，而不习惯招女婿上门。然而，古代水族曾经有过男嫁女娶的婚姻形态。这是一种古老的婚姻习俗。时间大约是水族母系社会，组成的家庭亦叫母权家庭。其特点是：女性有直接参与和决定家庭事务的权利，家庭分子的居住地是“从妻居”，也称“母居……即丈夫和子女在妻子母家居住”。这种母系氏族的从妻居婚姻家庭在水族社会曾延续了相当长的时期。至今水族婚配中仍有姑舅表婚和“不落夫家”及“男子出嫁”的传说的习俗。其实，在母系社会，一个氏族的男子到女方氏族选择配偶，并且从妻居住，是很自然的现象。我国不少民族中流传的许多故事和歌谣也都反映了最早的男嫁女娶的婚姻习俗。那么原先男嫁女娶的习惯为什么会变成男娶女嫁了呢？流传于贵州三都都江一带的水族《嫁男变嫁女》的婚俗传说是这样解释的：

一位名叫阿慕的水家头领，先生了一个男孩叫阿莞，后来生了一个女娃叫阿缘。阿缘体弱多病，支撑不了家庭，而阿莞体格强壮，勤快能干，年老的父母总觉得离不开他。当

时，有个规矩，男子在20岁前必须出嫁，超过年限就要被公众撵出村寨，自己另谋生活。阿莞的婚期原定在17岁这年，后来推迟了3年，到他20岁这年春天，阿慕老两口无奈要按规矩办事，催促阿莞出嫁。

阿莞没法，就和妹妹商议。妹妹阿缘觉得自己没有力气供养老人，哥哥是一个独仔，也不愿离开自己的老人，于是她表示替哥哥嫁出去。兄妹俩想出这个办法，由阿莞向父母讲清楚后，老两口点头同意了。老人摆酒席请来全寨的人商议，阿慕以头人和主家的双重身份，当众说出要改嫁男为嫁女的道理，当场赞同和反对的人各半，争持不下，直到天黑散席时才算达成协议：过年以前，阿慕老两口如有危难，就靠阿莞救活转安，这样才可以改变老规矩，否则年三十晚也要把阿莞嫁出去。

转眼冬天来了，天气特别寒冷，大雪把老两口冻得病倒在床上奄奄一息、阿缘自己也病倒了。阿莞冒雪上山打得一只公獐子，割回麝香来做药，天天调喂老人，又捕得很多野鸡熬汤给老人喝，通夜守在火塘边加柴添火，保持屋内暖和，就这样，阿慕老两口度过危险活下来了。

阿慕于是把外寨的头领、老人和亲家请来讲明缘由，阿莞把自己的对象接进家来。不久，女儿阿缘也高高兴兴地嫁到外寨去了。从此嫁男就渐渐改变为嫁女。

水族婚姻因受传统的习俗与禁忌的影响，显示出自己一些独特的文化韵味。

同西南地区众多少数民族一样，过去水族男女青年在社交活动中相识，进而相互爱慕直至相恋，建立情侣关系。水族喜爱唱歌，情歌是青年男女相识的主要媒介。青年男女到了十五六岁，就可以参加社交活动。男女青年可以对歌传情，不断加深感情，体现出水族男女恋爱自由。每逢节日及赶场、走亲串戚，都是男女交往的好机会。一年一度的端节和卯节正是男女青年相识恋爱的最好时机。

水族儿女上卯坡过卯节　（吴东俊摄）

然而，上述情形主要局限于相识或说是交往和恋爱阶段。他们并无真正的婚姻自由自主权利。男女婚姻受族规和家长的掌控。家长一般都有门当户对的观念，即所谓“竹门对竹门，木门对木门”。在相识相恋中一般不分贫富，特别是常常有些富户人家的女子爱上勤劳善良的贫穷子弟，可是到他们想结婚的时候就会遭到父母的反对。

新中国成立后，情况有了大改变，男女青年通过接触了解，达到心心相印后，小伙子便向父母禀明，求得父母同意。同时，姑娘也可暗地向母亲吐露心声，希望得到母亲的认可。由于有唱歌寻侣定情的传统，父母对子女的选择一般不多干涉。

二、破姓开亲

人类从最初的血缘群婚过渡到对偶婚，最后发展到今天的一夫一妻制，这是人类婚姻的一大进步。尽管水族远古社会曾经历过血缘群婚（如神话传说中洪水滔天兄妹结婚再造人类），然而，水族很早就规定了严格的通婚原则，先是实行氏族外婚制，以后，随着氏族不断分化为若干父系家族，便改为家族外婚，同宗不婚，违者要遭受家族的惩罚，轻则宰杀猪牛，备办酒席请全家族的人共餐以谢罪，重则被捆绑手脚，塞进猪笼，扔进深潭淹死。水族歌谣古双歌古单歌中，都有专唱《分宗开亲》的一章。歌中唱到由水族古老的先人"王"和"公"定下的分开宗支，按古法通婚开亲的原则，甚至具体到什么地方可以和什么地方的人通婚，这个姓氏只能和那个姓氏的人通婚等。可见古代水族对婚姻的缔结、通婚的原则是非常严格的。

然而，就在绝大多数水族人恪守"同宗不娶"原则的同时，水族民间却有诸如《倒栽杉》、《破姓开亲》、《破例通婚调》等以同姓开亲为内容的婚俗故事及歌谣在水族地区广为流传，据说实有其人其事的《倒栽杉》的传说是这样的：①

很久以前，廷牌、恒丰、水东、和勇一带方圆百十里内除韦家外没有杂姓。那时，同姓不开亲，结亲嫁女要走很远很远的地方才能找到亲家，很不方便。家住廷牌寨的后生韦高和家住和勇的姑娘韦容，两年前就产生了爱情，并悄悄订下了婚姻。因两边父母强烈反对，他俩相约逃往广西，在外住了一年。因记挂父母，冒险回家，可刚走进寨门，就被寨

① 黄桂秋．水族故事研究．广西人民出版社，1991：87～91.

老抓住，以违反“同姓不开亲”的罪名，要把他俩丢进深潭。前来观看的人们都流下同情的眼泪。正当寨老挥手要把竹笼推下深潭时，一位辈分最老的老祖公殷公挤出人群，站出来为韦高、韦容说情，要求放了他们。殷公说：“从前韦家人口少，老祖先才订了这种规矩，现在人口变多了，老规矩应该修改。若你们不相信，就试试天意吧。”说着他叫人挖来一蔸杉树秧，头朝下根朝上栽在地里，栽完后，他对寨老说：“如果栽活了，我们就修改族规，栽不活，任随你惩治他们。”于是寨老便把韦高、韦容暂时放回家。过了3天，倒栽的杉树苗蔫死了。殷公说头回不算，于是又倒栽一棵，又过3天，杉苗又死了。殷公说三盘为定准，于是又倒栽一棵。被关在牛圈楼上的韦高半夜摸下楼，从灶房提一桶米汤淋在杉树秧下，连续3天晚上都浇米汤，终于倒栽的杉树苗活了，韦高、韦容结为夫妻。从那时起，廷牌一带的韦家便按家族支系扒成堆堆，同姓开亲了。

《倒栽杉》告诉我们，廷牌一带韦姓允许同姓开亲的原因：一是因周围没有别姓，结亲嫁女要走很远的地方。二是韦高、韦容忠贞不渝的爱情使人感动，让人同情。其实，不仅是廷牌一带，水族不少地方都存在类似的情况。广西南丹水族定亲“吃媒酒”时，开头仪式由女方发问：“远古代，我们同个老祖宗，我们同姓，怎么开亲？”男方起身回答道：“远古代，我们同克，到贵州，我们破例，破了例，弟娶姐女，破了例，你我开亲。”① 古歌《破例通婚调》唱道：“那时候，人有银钱，去丹寨成亲，到榕江联姻。那时，嫁女到普屯，公奶都抱怨，

① 广西少数民族风情录．广西民族出版社，1986：332.

父母嫌路远，男的灰心女的厌倦。”[①] 这种情况，对于大多“聚族而居，一寨一姓，有很多地区几十个自然寨都是一个姓，尤其是很少有其他民族杂居”，[②] 同血缘村寨毗连，地处偏僻山区，交通闭塞的水族人来说确实是个实际问题。给青年男女的婚姻带来极大的不便。其连锁反应就是会直接影响到家族的传宗接代和民族的生存发展。

流传于榕江县平永区《破姓开亲》的传说就尖锐地触及了这一问题：

传说古代潘姓水族迁到三都、荔波时，只有三兄弟。几十年后，人丁繁衍很快，成了当地的大姓。潘氏三兄弟发展成三大房人，周围村寨的异姓人口很少，水族的老规矩“同姓不通婚，异姓才相配”，使潘姓男女婚配出现困难。大哥来找二弟、三弟商量。面对潘姓族人娶也难嫁也难的现实，三人认为他们虽是亲兄弟，但现已发展到儿辈、孙辈、重孙辈，四代以后不算近亲，于是，大哥提出了“远房不论兄弟，破姓开亲”的办法。起初，二弟、三弟不同意，但为了使潘姓继续兴旺发达，才依大哥说的办，但又提出破姓先从大哥开始。大哥说把三房人都聚集在一起，杀牯子（阉割了的公牛）对天盟誓，然后把牯肉分成三股，每房一股，各房把牯肉分别放进坛子，埋在一个山头。七天后大家一同去开来看，哪个坛子的肉发酸，哪房就先破姓开亲。两个弟弟认为这样顺天意，便同意了。到了第六天，二弟、三弟相约搞鬼，第七天早上一看，果然大哥的坛子有酸气。于是大哥对众人说道：“为了我们潘姓的兴旺发达，顺天意，我们长房人先破姓开

① 黔南布依族苗族自治州文研室、三都文史组编．岛黛瓦．

② 潘一志．水族社会历史资料稿．

亲。”“父不在世，大哥为长！”大哥的话说到大家的心坎上，大家都同意了。从那时起，潘姓三大支系先后破姓开亲，那时划分的通婚界限一直沿袭至今。

水族社会在规定同宗不婚，同姓不开亲的通婚原则的同时，又按具体情况，在一定范围内允许同姓开亲（当然都属四代以后）。

水族一直是一个人口稀少的民族，常因异族侵扰而颠沛流离、频繁迁徙。定居于黔桂交界山区后，夹居于汉、布依、苗、瑶、侗等民族之间，加上地处偏僻，交通闭塞，环境恶劣，水族内部各氏族之间的来往联系受到条件限制，在“同宗不婚”的原则下，青年男女婚姻就成为重要的社会问题。它不仅关系到物质经济生产，而且直接威胁着该氏族集团的生存和发展。正是在严峻的现实面前，开明的水族先人们在本民族婚姻问题上规定“同宗不娶”的族外婚原则的同时，又根据具体情况，破例允许个别氏族在一定范围内“破姓开亲”。

三、打伞忌雷

水族姑娘出嫁那天，新娘要打着一把伞步行走在接亲队伍最前头，途中最忌打雷，认为打雷对婚姻不吉利，如果出嫁途中遇打雷，要么就急返娘家另择日子，要么就直奔郎家，进屋后不吃不喝不坐而立即返娘家；或者在郎家住 12 天之后，再返娘家，但无论如何，都要杀鸡祭雷以求免灾。水族关于接亲打伞忌雷的习俗，传说是这样描述的：

洪水滔天的时候，天下绝了人烟，只剩下阿怀、阿奴兄妹俩。天大王变成一位老公公下人间，劝两兄妹撕破脸面成亲。原先他们不答应，最后执拗不过，只好同意成亲。婚配那天，阿怀在南山的石洞等着，阿奴从北坡石洞慢慢向南山

走去。路上，妹妹越想越觉得害羞不肯走，天大王只好亲自送她去。这时，天上的雷神看到阿奴那样羞羞答答、扭扭捏捏的样子，就忍不住笑起来。雷神这一笑，把阿怀、阿奴都吓坏了，以为亲兄妹成婚触怒了雷神，都十分恐慌。阿奴赶忙钻进芭蕉树下，摘张芭蕉叶盖住脑壳，再也不敢出来；阿怀急忙跑到后山大石洞里躲起来。天大王气坏了，急忙化道青风飞上天，抓住雷神训斥一顿，还罚它在秋冬两季不准张口笑，不准吭一声。接着赶忙下到人间劝妹妹阿奴走出芭蕉林，还说打雷不要紧，只要到岩洞里敬供一下雷神，往后就万事大吉了。阿奴还是胆战心惊，用芭蕉叶罩住脑壳，又继续往南山石洞走去。可阿奴到了南山洞，看不到阿怀。天大王又急忙跑去山后把阿怀找来，才算撮合了这桩婚事。天大王还怕兄妹俩多心，摆开酒肉饭敬供雷神。因为天大王撮合兄妹结婚，才繁衍了人类。后来，人们都说普天下的人原本都是亲姐妹、亲兄弟，所以，一直到现在，出阁的姑娘总是怕羞，不仅要人陪送，而且非要打一把伞遮住脑壳不可。

打伞的水族新娘　（于志新摄）

关于接亲打伞，我国其他民族都有类似习俗，最初的目的和作用基本上是一样的，那就是掩丑遮羞，只是形式略有不同，方法也不完全一样。汉族的如唐末李冗在《独异志》中记录女娲兄妹相婚配的故事时，就有“兄乃结草为扇，以障其面”以遮羞的叙述。

与打伞有关的是忌雷，属于禁忌民俗。水族打伞还有个重要的作用，就是避免天上的雷神看见。这是水族这一婚俗与其他民族不同的地方。

接亲打伞是一种特殊的民俗，包括两个方面的意义：一是对受尊敬的神物不许随便使用。因为这种神物具有“神圣”或“圣洁”的性质，随便使用是一种亵渎行为。违犯这种禁忌会招致不幸，遵循这一禁忌会带来幸福；二是对受鄙视的贱物，不洁、危险之物，不许随便接触。违反这种禁忌同样会招致不幸。禁忌在民俗传承中，常被强调为禁止或抑制。因为一切被禁忌的事物同时认为是具有危险性的事物，如果谁违犯了禁忌，或迟或早会受到制裁和惩罚。这种制裁和惩罚不是当时生效，而是总有一天要生效，具有消极的性质。鉴于这样的原因，禁忌常被人们视为约束自己行为的准则。不单在婚姻方面忌雷，几乎在水族的生产、丧葬、生活等都普遍忌雷。水族谚语有“天上雷婆大，地上舅爷大”之说。对于雷的畏惧与崇拜波及水族社会生活的各个方面。春雷伊始，人们要敲簸箕、皮鼓，唱歌迎雷，把石头置于果树丫上，希望能多结果并无虫病；用棍棒击打禾仓，能防一年的鼠雀之害；向天鸣枪，期冀年内狩猎命中；为表示对雷神和土地神的尊敬，要忌动土：具体为每年春天第一次打雷，忌生产劳动九天，第二次七天，第三次五天，第四次三天，第五次一天，以后每逢十三天忌一天，直到撒秧播种为止。忌雷期间，不能犁田、耕地、播种，如果违犯，雨水不会好，庄稼歉收。至于安葬、营造、送神等都有繁冗的忌雷习俗。水族对雷的崇拜畏惧，当产生于水族进入农业社会以后。从农业生产的角度来说，诸如风、雨、雷、电等自然现象都对农作物的生长有着直接的影响。而从水族所居住的山区情况来说，风的危害

不那么明显，雨雷则不同，对农作物生长有着直接的利害关系。尤其是雷总是跟暴雨连在一起，而且它比雨来得更叫人心惊。有时候还会击毁大树，击垮岩石，劈死人。显然，当人们一想起洪水，就会先想到雨，一想到雨，就不能不想到雷。这样，“雷”这种自然现象在人们的心目中就有了两重意义——不可捉摸的东西和带来雨水的东西。人们既怕它、恨它，又不得不需要它、崇拜它。正是这种复杂的关系和心理，形成了水族社会对雷的崇拜和畏惧，进而产生了种种禁忌。对于水族的农业生产来说，雷是水族的自然神；对于水族婚姻忌雷习俗来说，雷又是水族的社会神。雷对于水族人来说，原先只是不可理解和不能驾驭的自然力人格化而形成的自然神；后来已发展成同时具有某种社会力量人格化的社会神。婚姻对于个人或对于社会家庭来说，都是人生中的头等大事，民间观念向来强调天作之合，祈愿大吉大利。若婚礼接亲途中遇打雷，人们自然认为是天意不合，或是什么地方触怒了雷神，那将是一种不祥之兆。

第三节　尽心孝老儿女情

逝者，一律棺装土葬。青年人死，马上装棺埋葬；凡是意外死亡，如跌山、落水、刀枪伤、产妇未满月而死的，都用火焚烧，将骨灰放入长约一尺、宽约五寸的小棺材里去埋葬。至于老年人去世，后事的手续就要复杂多了。

老年人去世后，首先是孝男烧温水为死者洗澡，说是洗干净了，身体不臭汗，到阴间才能和祖宗聚居。洗澡水要倒在无人行走之处，怕别人踏了此水，脚上的肉会开裂。接着，为死者理发（男）、梳头（女），穿衣服，并用五尺黑布包头，然后将其尸体仰着放入棺内，头在大端，脚在小端。入殓时，死者口含银饰，手拿纸钱或东毫，头垫纸钱，这样，死者走入阴间时，路上口渴，可以买到水或稀粥吃，以后也有钱使用。在死者下面垫两层褥子，上盖三床单被。最后看好时辰盖棺。盖棺前，如死者为妇女，一定要等婆家来人看过之后才可盖棺。

老年人死后，孝子要穿孝服，为死者设灵位，用豆腐、米饭上供起来，在家内停丧期间，孝子卧地铺守灵。另外，每日打三次铁炮，每日放三响。

老人死者其亲人服丧三五天，请先生选择日子出殡，上山埋葬。若选择的日子很近，也可以马上出殡，如果选的日子很远，那就要将棺材抬到野外，用大木杠垫底，并砌好泥，搭临时草棚停放（在家停放亦可，也要用泥砌好），出殡日期到后，才拆草棚，除洗封泥，再抬上山埋葬。

出殡前，请鬼师来打斋，为死者开路。鬼师两三人（壮、汉族，在贵州有水族鬼师），打斋一夜或三夜。打斋时，要杀一头牛，任凭牛血流满地，都弃去不要。另外，要打铜鼓，吹八仙（乐器），有的在晚上唱灯。服丧期间，亲友送礼，死者女婿需送糯米粑、鱼、酒和一头牛以及草编的床笪，用来盖棺。棺材由10～20人抬上山，孝子捧灵牌走在前面，用一条长白布系在棺的前头牵走，并不断向亲友

丧葬 （陆春提供）

们磕头，表示感谢。坟穴挖好，在内烧纸钱，并抛公鸡一只在穴内，然后将鸡取出，下棺埋葬。

新坟上要点灯三晚，如果路远的，第一晚必须到新坟点灯，第二晚在半路点灯，第三晚在门外点灯。

第七章

足迹洒遍万山丛　与时俱进寻奔头

第一节　领主权势遍山崖

蒙爱军的《水族经济行为的文化解释》从水族的宗族社会结构、经济结构和文化体系等几个层面，对水族经济行为进行了分析和解释，提出水族文化与其他文化的差异是通过其文化特质综合体表现出来的，并围绕水族“宗族文化特质综合体”、“小农文化特质综合体”及“水书文化特质综合体”，对水族经济行为的塑造；水族小农经济结构中以生计安全为基本选择特征的经济行为，稻作农业的自然基础与水族认知体系的构建所产生农业祭祀行为，以及水族文化对经济行为的制度化规范等方面，对水族经济行为及其与文化的内在关联性作了深入探讨，由此实现了对水族经济行为的文化理解。

众多地方史志文字资料记载，水族先民最早生活在沿海、沿江，从事渔猎和畜牧业生产，后来由于种种原因，逐渐离开沿海、沿江地区，向西南地区直至全国各地山林、坝区迁移，成为山地民族之一。到了山区，原先从事渔业生产的人们，自然而然转为从事狩猎活动，

这是生活所迫，不以人民的意愿为转移。

然而，纵观全局，水族在历史上也是较早种植水稻的民族之一。据潘朝霖和韦宗林主编的《中国水族文化研究》所叙，隋唐时期，水族先民在广西环江、河池一带“夹龙居”、“种稻似湖湘”，成为一支不可忽视的政治、经济力量。于是，唐王朝在贞观三年（629 年）设置应州、婆览县、都上县之后，又于开元年间在水族聚居区设置羁縻性质的抚水州。抚水州下辖抚水、京水、古劳、多蓬四县。抚水州中的抚水蛮指的就是水族。由此看出，水族在唐代的分布，抚水州是重要的居住片区之一。“种稻似湖湘”，说明抚水州时期的水族社会，不仅农业生产技术已有很大提高，而且水稻生产也已初具规模。伴随着农耕经济的逐渐发展，水族农业形成了一整套以水稻为核心的生产技术，以及与之相适应的生产习俗和民族心态，从而显露出本民族稻作文化的一些特质。

在唐贞观 629 年，贵州设置应州、婆览县、都上县，其社会经济发展状况与抚水州大致相似，即以种植水稻为主，兼营其他农耕项目的生产。据史料义字载，在抚水州时期，水族社会还是处在民族部落及部落联盟的社会，是部落政治发展的鼎盛时期。部落内部实行的是原始公有制，人们共同劳动、共同消费，尚无私有财产可言。土地归始祖部落集体所有，各类生产户劳动由一个首领统一组织。

在抚水州时期，水族部落及部落联盟的政治、军事组织有了充分的发展。朝廷以蒙姓各层首领担任州、县官吏已达羁縻之效。州、县之下，设立有“洞”、“寨”社会组织。其洞寨内有关集体事务，皆由部落长主持集体议事，凡与外界发生纷争、械斗等，皆由部落长敲击铜鼓，召集洞寨成员参加战斗。但到了唐宋时期，开始兴起封建领主，其对洞寨成员已有极大的统治权力。部落成员已成为封建领主的人身依附，必须服从封建领主差遣，平时为民，战时为兵。据潘朝霖、韦宗林《中国水族文化研究》所述，唐代以前，水族地区的土地、房屋、生产和生活资料都归部落所有，由领主统一安排。“领主们衣着华丽，头戴金银，身披皮衣，住在在‘竹栅’护卫的‘楼至战棚’之中，右手持环刀、镖、牌、努、箭的卫士护着”，部落成员若有事前往拜见，必须“枕鞭而拜”。若有差役，群众必须绝对服从，如取得领主赏识，“以牛马铜鼓赏之”。如得罪领主，“小事大罚，大事杀之，盗物倍还其赃”。

历史进入了大宋年代，抚水州的水族先民不仅遇上严重的自然灾害，还遭受残酷的镇压迫害。潘朝霖和韦宗林主编的《中国水族文化研究》写道：宋太宗雍熙至真宗大中祥符年间，连年发生大旱。抚水州中的抚水蛮要求宋朝天子给予扩大一点生存空间和多一些生存权利，屡遭官府的限制和迫害。大中祥符九年（1016 年），抚水州饥民多向广西宜州、融水等地逃荒讨吃。

占地垦荒，是维持生计必不可少的手段。除此之外，砍柴、割草、放牧、渔猎、采集、用水等生活资料都仰赖于土地资源，水族口碑传说中就有村落开山鼻祖用巧计争占土地的故事。为了便于砍柴和放牧，水族先民修筑境内的道路并铺上青石板，形成村道，表明这条路延伸所到之地是自己村落的。修桥、修渡口也有占领河段水域的象征意义。而且在水族社会，修桥铺路，向来就被视作行善积德的行为，也是被社会公认的一种美德，甚至被视为民族精神的一种象征。公共墓地的确立，更是一个村落地域的象征，其他村落不可侵占。如贵州三都县三洞乡潘姓传说有两个始祖：一个叫“仰”，一个叫“干”。他们原来是两兄弟，死后同葬在名叫“墓把”的地方。这两兄弟的后裔发展壮大了，分住在三洞地区的苦干村落，原来是家族亲，不能通婚。由于发展多了，不通婚很不方便。为此，通过一定的卜卦，求计于天意，得允。现在可以通婚，成了亲戚。但大家都公认“墓把”是共同的始

祖的墓地，保护公共墓地不受侵犯，是村落群体的神圣职责。地缘关系是共同居住的乡土联结起来的各种社会关系，“同乡”、“乡亲”都属于这种关系。俗话说的“人不亲土亲”也是这种地缘关系的形象反映。村落社会是由若干人家集结的乡亲协同体。在这里乡土意识或地域观念是十分重要的纽带。抚水州大部分水族先民迁徙定居后的村落经济的最大特点是村落成员摆脱了对部落长的人身依附，有着相对更多的经济自由。除了经营自己开垦出来的田地外，还可以在村落地域内的山林、草场、河段去砍柴、割草、放牧或从事采集和渔猎，这就大大激发了村落成员的劳动热情，或者说在某种意义上解放了生产力。

第二节　顺应历史寻出路

被驱赶，受欺压，诚然是件坏事，其本身给水族人民带来了一定的灾难，但也因为如此的情形，铸造了水族先民们一种刚强的毅力和适应周围环境、顺应历史潮流的能耐。

据有关资料表明，自隋唐在水族地区设置应州、都上县、婆览县及羁縻莪州、劳州、抚水州之后，水族作为边境地带的少数民族受到中央王朝的重视，经济也相应地有了较大发展。尤其到明代，水族地区的社会经济生产有了显著的进步。由于当时铁质农具如犁、锄、耙、镰、锹在水族地区得以广泛使用，同时在这一历史时期水族人民兴建了一些较大规模的水渠、水塘、堰坝，而且筒车、桔槔、龙骨车等取水工具也在水族地区逐步推广，这就不但使若干河谷、平地基本被开垦为水田，而且很多山地也被逐渐开垦为梯田。水族先民按不同土质和地势，选择适宜的作物品种，从而使水稻、包谷、麦类、豆类、稗荞等各种主杂粮都在不同程度上得到增产。由于生产力水平的发展，粮食产量不断增加，从而激发人们大量开垦荒地。于是在农民中产生了一部分新兴大户，他们把自己开垦出的多余的水田租佃给无地少地的农民耕种，进行实物地租的剥削。这种封建租佃的出现，标志着水族社会由封建领主经济向封建地主经济的转化。

通往水族人家的山路 （黎炼摄）

在农业发展的同时，水族的手工业也有了显著发展。当时水族地区的手工业虽然还没有出现专门的作坊、工场，基本上仍属于个体农民的家庭副业。但产品种类和数量都有较大幅度的增长，特别是棉纺织业。这些农民的家庭副业产品，由于产量和质量均有提高，除供自己家庭消费和缴纳赋税外，也有相当一部分拿到市场出售。畜牧业如牛、马、猪、羊及鸡、鸭、鹅等家禽的饲养也有长足发展。因此，水族地区定期赶集的初级市场也不断形成，并开始出现了较大的集镇。同时由于驿站的普遍设置，客观上便利了往来的商旅，使水族地区与外界在经济上的联系也较以前更加密切。司署所在地和流官设治的地方，如从江丙妹、榕江古州、三都烂土和荔波的蒙石里、时来里等地逐渐成为当地的政治经济中心。当然，地主经济必然由封建地主阶级掌控着农村的经济命脉，绝大多数水族人无法享受经济发展给他们带来的实惠，这也就是各地农民贫穷的主要原因。对于广大老百姓来说，地主“要你圆你就圆，要你扁你就得扁”，没有多少自主的权利。

棉纺照片　（陆春提供）

清朝以后，随着经济的发展，农副产品和手工业产品日益增多，除了上交税赋和自己家庭消费外，剩余的产品需要交换，于是小商小贩出现了，他们走村串寨，贩卖城镇的手工业产品，收购农村的农副产品，从中获得一定的利润。这种小商小贩在水族地区最初为汉族，后来除汉族外，也有水族参加了这个行业。

值得注意的是，水族地区不产食盐，而盐为民食之必需品，需得购销，食盐便成为水族地区商货中之大宗货物。于是，水族地区专门销售食盐的商人出现了。正如《黔南识略》记载的“民吃粤盐，自乾隆五年起，准古州为总埠、丙妹、永从、三脚屯为子埠，每年额引五千九百二十六道，计引六封二分零”。又据《黎平府志》记载，这些食盐是“由张清渠办理，清渠故后，其子更名俞在郊接任”。可见包括水族地区在内的古州丙妹、三脚屯以及永从等在明清时期已有专门销售食盐的商人出现。

鸦片战争以后由于国外殖民主义经济的入侵，鸦片的大量种植外运，工矿业和林业的开发，许多土特产品也随之商品化。这时期，不仅小商小贩活跃于水族农村的初级市场，贩卖丝线、洋纱、洋布、洋伞、洋油等洋货，而且专门从事收购五倍子、杜仲、香菇、木耳、虎骨、獭皮等土特产品的商人也发展起来。在这些小商小贩中，有汉族，也有布依族、苗族和水族。水族的小商小贩，利用语言交际的优势散布在广大的水族山区，利用微小资金，开设小商店或肩挑叫卖。在山区交通不便的情况下，对沟通城乡物资交流起了重要作用。

小商小贩和商人的发展，迫切要求有自己的组织，民国六年（1917 年）三合县成立商会。于是在水族地区出现了商业组织机构。

新中国成立后，为了把这些小贩引导到社会主义道路上，使其有效地为国家和社会的需要服务，从 1952 年起，政府对小商贩开始了改造工作，对他们进行全面安排，划定营业地点和经营范围。同时根据自愿原则，在国营商业和供销合作社的引导下，按照不同的经营情况和经营类别，让他们分别组成合作小组或合作商店，为国营商业经销和代销。后来，经过逐步改造，小商小贩基本上实现了合作化。他们积极开展销售业务，深入山区，送货上门，收购土特产品。经营额逐步上升，生活也得到了改善。20 世纪 80 年代改革开放后，小商小贩均独立办证经营。

第三节　喜迎阳光绘新图

新中国成立以前，水族农民没有土地，没有耕牛，也没有人身自由。新中国成立后，水族人民获得获得解放，劳苦大众当家做主。特别是 1957 年全国唯一的水族区域自治——贵州三都水族自治县诞生后，水族地区的经济生产得到了进一步的改善。

三都水族自治县位于贵州省黔南布依族苗族自治州东南部，夏朝属梁州东南裔；商属于荆州西南裔；周属越，领牂牁国地；秦属象郡且兰县地；汉属牂牁郡；晋至南朝宋属牂牁郡的东南角和武陵郡的西南角等处交界地；南朝齐属牂牁郡东南角和齐熙郡西北角等处交界地；梁、陈属南牂牁郡；隋属牂牁郡。唐初开始在三都境内设治，贞观三年（629 年），置婆览县，即今三都恒丰、塘州、合江一带；都尚县，即今三都都江一带，属应州管辖，州治在都尚县。宋代（960～1279 年），属夔州路绍庆府（今四川彭水县）所辖五十六羁縻州的南部东段边地。地处“月亮山、雷公山”腹地。东邻榕江、雷山，南接荔波，西界独山、都匀，北连丹寨。东西宽 56 公里，南北长 78 公里，距省城贵阳市 230 公里，距黔东南自治州州府都匀 85 公里，全县总面积 2400 平方公里。1949 年 12 月 6 日三都解放，1950 年 1 月 14 日三都县人民政府成立。1956 年 9 月 11 日，国务院全体会议第三十七次会议作出决定，撤销三都县，设置三都水族自治县，1957 年 1 月 2 日，三都水族自治县正式成立，目前辖 10 镇 11 个乡 270 个村委会及 4 个居委会 2413 个村民小组，总人口 35.6 万人，其中少数民族人口 33.09 万人，占总人口的 96.73%；水族人口 23.75 万人（2000 年），占总人口的 66.71%。县境内拥有丰富的森林资源，主要树种有杉树、马尾松、油桐、油茶、麻栎、柏树、枫树、楠木、樟木、桫椤、楠竹、漆树、杜仲等，是全省十大林业县之一，全县有 11 片林区。经过 3 次建设总体规划修编，县城区内道路、桥梁、给排水、供电、环卫、绿化、通信、教育、卫生、金融、市场等设施得到不断改善。县城规划面积达到了 10.84 平方公里，建成面积达到 4.42 平方公里，人口达到 4.9 万人，日流动人口达 5000 人以上，形成了较为繁华的集市贸易，初具城市规模。城区道路建成了“三纵四横”主要道路交通网络，即建设路、河滨东路、河滨南路、环城东路、都江路、中山路、文化路等主要交通干道。此外，还先后建成了深圳路、团结路、振兴路、民族路、商贸路、解放路、中华路、凤凰大道、麻光大道等道路，道路总长达到18.7公里，道路硬化面积超过37万平方米，硬化率达95%以上。完成了人行道青石道板的铺装建设，铺装面积总计达到4万多平方米。各主大街两侧建设绿化带近1.5万平方米，对各条街道按一街一景、突出特色标准选植绿化树3000多株，县城区绿化覆盖率达37%以上。安装道路路灯800多盏，高杆照明灯3盏，各居住小区路灯300多盏，各沿街单位及院落小区等大都安装彩灯或霓虹灯，每晚的灯光照明成了县城一道亮丽的风景线。都柳江两岸按百年一遇标准建设防洪堤近5公里，不同规格的道路排水沟近25公里，疏通了城内排水功能，大大提高了县城抵御洪水的能力。

都柳江畔的三都县城 （杨兴斌摄）

20世纪80年代，三都水族自治县坚持以邓小平理论和“三个代表”重要思想为指导，认真落实科学发展观，在科学分析、深入研究的基础上，坚持又快又好发展的主题，更新发展观念，加大招商引资力度，盘整资源，大力实施“科教兴县、农业稳县、工业强县、城建

旅游活县、民族文化塑县”五大战略，全县经济社会实现了持续、协调、快速发展，呈现出速度比较快、效益比较好的发展态势。2006年，全县生产总值完成8.44亿元，增长10.03%；全社会固定资产投资完成3亿元，增长64.39%；规模工业总产值完成1.55亿元，增长18.33%。

在三都水族自治县的带动下，各地水族经济生产也都得到了一定的发展。中国共产党第十一届三中全会后，党的民族政策逐渐得以复苏，民族区域自治政策也逐步得以落实。除三都水族自治县之外的水族聚居区相继建立了众多的水族乡，且有些民族乡晋级为镇，以利于民族经济的生产和建设。

第四节　涓涓热血创文明

一个民族的文明标志多种多样，而有没有自己的历法和法规是个根本的、主要的标志。别看水族是个人口稀少、居住分散的民族，在一些领域中，它是较早迈入了先进、文明行列的民族之一。

一、农耕劳作的依据——水历

水历，是水族民间一种世代传承的传统历法。它是以水稻物候为主要基准而创制的历法。水历建戌，与秦历建亥、周历建子、殷历建丑、夏历建寅，正好形成递进月建。古水历分春冬两季，而春分、秋分正好是这两季的分界点，这在天文学上具有特殊的意义。古代水历的春季始于清明，终于秋分，正好是水稻种植的180天。水历的年终十二月与夏历八月对应，正是秋收时节。汉字“年”的本意也指“谷熟也”，“谷熟而举行的庆典为过年”。但汉字“年”的本意在现代汉语中已消失，而水历却准确地保存其本色、本义。在秋收时节的水历年尾、年头两端欢度盛大年节端节，就是名副其实的过年。后来，水书上才出现了春夏秋冬四季。

水历是以地支戌月（阴阳合历九月）为首的月建，故又称端月。所以水族在水历端月逢亥日过端节。端节作为一年一度开端之节，有辞旧迎新的内涵。

水族人民长期观察发现，端节亥日的天气状况与来年的农业生产有着密切的关系，因而总结出这样的农谚：“水东、拉佑端节亥日雨，有撤秧水；延牌、恒丰端节亥日雨，有载秧水；三洞端节亥日雨，有薅秧水，兰岭、古城、水昂端节亥日雨，烂谷草、烂冬。”人们据此预测第二年的晴雨气候，安排农事生产。

水历至今仍是水族农事活动的依据。但同时在水族的农事活动中，中原地区传统的二十四节气也为水族所接受，二十四个节气歌诀在水族民间广为流传，并有不少的农谚流传。

立春：岁朝蒙黑四边天，大雪纷纷是旱年，但得立春晴一日，农夫不费力耕田。

惊蛰、春分：惊蛰闻雷米似泥，春分有雨病人稀。

清明、谷雨：清明要明，谷雨要雨；清明若明大丰收，谷雨不雨万民愁。

立夏：立夏立夏，人穿汗褂；立夏不下，犁耙高挂。

小满、芒种：小满秧长满，芒种快栽种。

小暑、大暑：三伏之中龙晒谷。

立秋、处暑：立秋无雨甚堪忧，万物从来一半收；处暑若逢天下雨，纵然结实也难留。

这些有关二十四个节气特点的歌谣，念起来朗朗上口，便于记忆。人们根据这些歌谣来观察每个节气的特点，并安排农事。

科学是第一生产力。水族先民通过长期的实践，创造自己的历法，

并在生产生活中，遵照历法条款，安排行动。与此同时，又不断地总结经验，创造自己的名言、格语，让自己的行动更带科学依据，这就是水族的农谚。水族农谚是水族人民长期的农业生产实践中积累的宝贵经验，这些经验以简练生动的句式表现出来，成了哲理性、科学性较强的农业谚语。它成了水族人民世代相传的宝贵财富，既是传播生产知识的载体，又是农业生产习俗与禁忌的依据。

水族人辣椒挂起晾干　（黎炼摄）

水族农谚中数量最多的是气象农谚。这些气象农谚又分为长期的气象谚语和短期的气象谚语。

长期的气象谚语，如当年冬天冷不冷，在秋天看芭茅草的抽穗情况来判定：抽穗齐，就不冷；不齐，就征兆冬天比往年更冷。再生稻，生得快，长得齐，要烂冬。耗子啃树皮，从树根啃到叶尖，一年到头雨水好；若只啃树根，二三月间旱；啃中间，年中雨水好。喜鹊做窝在高枝，主旱，风大；做在中间，主丰收。大年初一看天色，带红方位主旱情。但得月中三个卯，处处红花稻麦好。

短期气象谚语，如早虹晴，晚虹雨。南风晴，北风雨，东风西风下不起。太阳打伞有乌色，短期必定有大雨。久晴西风雨，久雨西风晴。一日东风三日雨，三日东风下不成。闪电西南，明日炎炎，闪电西北，雨下连连。东闪闪，西闪闪，下起雨来不打伞。

还有一种叫观物候气象谚语，如虫蟮出来滚干灰，酷热干旱不减咸。阳雀叫在清明前，高山高岭好种田；阳雀叫在清明后，高山高领好种豆。看见大蛇跑，大雨定来到。蚯蚓满地爬，雨下乱如麻。蜻蜓飞得高，太阳似火烤；蜻蜓飞得矮，就要下雨来。鸡进笼宿早，明天有太阳；鸡进笼宿晚，夜间有雨来。

在水族的农村，许多七八十岁的老人，无论是文盲或半文盲，大部分对这些谚语都记得滚瓜烂熟，至少能说出它们的意思。特别是在生产实践中，不约而同地遵守这些格言的条款，按照这些格言的意思安排自己的农活和具体的行动。

二、万物皆有对

水族是个崇拜多神的民族，却又是个具有辩证思维传统的民族。这个辩证思维传统较集中地体现于《水书》之中。水族先民认为，任何事物都有它的对立面，这就是他们的“万物皆有对”思想。《水书》的卜辞中就有很多成对的观念，如阴阳、水火、金木、生死、善恶、吉凶、文武、贪廉、夫妇、父母等。在《水书》看来，这些成对的事物相交才吉，不交则凶。“阴家在阴家，阳家在阳家，丢下屋基荒凉冷清。”“金家住金家，水家住水家，穷得连个碗也没有用，如果金木相济，福泽长百二千年。”这就是说，单独的阴或单独的阳是不吉利的，单独的金或单独的水也是不吉利的，而把它们结合才会“福泽长百二千年”。又如“金木相克，金木相杀；水火为仇，水火相怨。早上，吃饭时和公公争吵；白天上坡干活和媳妇骂架。那愚笨的人家，终日争吵相骂”。金木本来是相克的，相互对立的，但有的木是无金不成形、不成器的，所以有平地木若逢剑锋金，可以上青云，沙中金、土中金无火不成形之说。

水族传统思想中常有“相反相济”、“相反相成”等内容。“相反”构成了“相济”、“相成”的前提，“相济”、“相成”则是双方相反、相对立的结果。在《水书》的“虎伤日”与“龙伤日”条目中，也有互

颂读水书　（陆春提供）

相弥补而可以挽救厄运的办法，如果谁家安埋老人逢了“虎伤日”，发现后，须用“龙伤日”进行化解，这样才能避免灾祸。另外，有的则认为，要是被虎咬死的须用“龙伤日”埋葬，才能防止灾祸延及子孙。同样，落水、淹死的须用“虎伤日”埋葬，才能免除后世发生类似的灾祸。这既反映了古代野兽对人的侵害很严重，也反映了渔业生产和渡河中常有淹死人的事件发生，使人们产生了对虎和龙的畏惧。尽管这些是唯心主义的东西，但也反映了它特有的朴素辩证的思维方式。这类似于我们现在所说的，矛盾双方既相互对立、相互斗争又相互依赖、相互统一的辩证关系。

水族人很重视“祸”与“福”这一对与生存密切相关的主题，在《水书》中论及很多。

水族人认为，祸与福是相反、相对的，同时又是相伴相生的一个对子。在《水书》中，《白木》条目的日子忌安葬，并分为吉利的部分——“天罡”和凶煞的部分——“破天罡”，如葬埋逢上“天罡”日，则如歌谣所云：“葬对白木天，能生育聪颖少年。”如葬逢“破天罡”日，就是“若冲犯破天罡日，偏偏葬送美少年。”“若是再逢云鸦日，等着吞灭好后生，杀死善辩的青年，杀死俊秀出头人。”这说明祸福相依，并且两者的界限仅有细微之差，若失之毫厘，会谬以千里。

水族人不仅看到万事万物“都有对”，还看到一事物的内部或矛盾任何一方的内部，都存在着对，即有关于事物两重属性的观点。《梭项》条目的日子，有“梭项口，解鬼不断根”之说，用此日安葬，会接连死人，犯重丧。但认为用作问亲、接亲，却可以亲上加亲，世代联姻。如《勾彩》条目的日子，是不宜结亲的，如果犯了就会出现：“勾彩勾卷偏不往前，勾彩勾卷又返回来。”也就是新媳妇不愿意去男方家，总爱转回娘家来。但是在巫术活动中，有“砍偷盗脚印”的治盗活动，则正需要“勾彩”去作法。如选了此日，再以一小鱼与一耙齿钉在盗者的脚印上，同时念诅咒语，那么偷盗者还会返回原地，就能抓住他。又如《亚夷》条目的日子，主要忌安葬，如果谁家犯上了就会绝后，祖上传下的屋基长满杂刺、乱树，麻雀野兽成群。但用在结婚上，就是好日子。又如《天烟》条目的日子里，是狩猎的凶日，却是修仓防鼠害及修寨门防祸患的吉日。可见，同一日子，用在不同地方，就会产生不同的结果，这正体现了一个对象同时具有两重属性的观点。

水族“万物皆有对”的两点论及进一步引出的朴素矛盾观，集中地体现在阴阳五行学说中。阴阳五行观又是《水书》的基本思想，撇开鬼神观的内容，《水书》就是以“阴阳五行辩证法”而展开其体系的。用阴阳来概括各种相互对立的两个方面，把宇宙中的一切都归结为两种相反同时又相互依赖的事物、性质、状态、功能、作用和力量，

并把阴阳关系作为普遍的宇宙法则。五行说把万物归为金、木、水、火、土五种要素或性质，通过五行之间的相生和相克、平衡和转化来解释万物。同时，五行又是与阴阳结合在一起的，这种结合使五行结构组织具有了一种内在的动力，即在阴阳两种力量的作用之下，五行体系中相生相克的具体运转才得以进行，使万物“运行不息”。

三、物极必反的转化观念

转化思想是水族传统思维方式中的一个比较显著的特点。在《水书》中就包含着许多阴阳相互转化、五行生克等方面的内容。例如，《地转》中的《不倒》条目，是不利于富豪家使用的日子，水语意为大地旋转，倒过去了。若富庶人家用此日子安埋亡人，就会变穷；而穷人家就会发富。因此其解说的歌谣云：“安葬用地转日，田塘动荡换主。”“葬《不倒》，钱不在了；得《不倒》古田返回。”虽然是唯心的臆想，但也暗含着矛盾相互转化的观念。又如，《水书》讲解歌书的《泐旭》中有：“金家住金家，水家住水家，穷得连个碗也没有用；如果金水相济，福泽长百二千年。”（百二千年在水语中，常有表示很长时限的用语。）“阴家住阴家，阳家住阳家，留下屋基冷清没人住。早晨，阴家孤金作祟的日头下；晚上，阳家哭在孤水为祸的黑夜里。阳换得阴，披挂银饰白花花；阴换得阳，鹅鸭成群灰朴朴。如果换不得，串村寨买草度终身。”这里的“换”，指的就是对立面的转化。

在《水书》条目中，《歹耿》、《堂疑》、《天烟》都是不利于办事的凶日。《歹耿》，水语意为推走、推移，即推走钱，推走粮，推走人。做事若逢此日，做事总是被人推翻、反对，没有成功的希望。唯独用于衬寨门时，选择此生辰的人来安放刺把，则认为可以把内祸鬼怪和外来侵入的人和鬼推出去。《堂疑》，水语意为最肮脏、讨厌的日子。此日做事，总被人嫌弃、厌恶，令人不快。《大烟》意为像鼻涕虫那样滑溜的日子，这个日子除了修整禾仓认为可以防止鼠雀危害，或做衬寨门鬼活动可防灾祸之外，办其他事都不吉利。但是，这三个条目能兼而有之，也就是所选的日子都含有上述条目所忌戒的日子，那么就变成了“歹盖”日。“歹盖”在水语意为粗糙、毛乎，同时也指记忆力特强，能过目成诵、过耳不忘。因此，“歹盖”被认为是入学或启蒙的好日子，外出经商也能诸事如愿。三个凶日合并成一个吉日，可认为是“物极必反”转化的反映。又如《水书·七元宿》的条目：“甲子年，虚宿日，忌放鬼，放则反害事主。”意思是，放鬼本是为了加害别人，但遇上特定忌日，则转化到自己头上。这就是承认事物会发生转化，不宜用绝对观念看待事物。这些都反映了事物发展到极度，必然转化为它的反面的观点，较明确地强调转化是对立面之间的转化。

水族民间还有许多关于转化的说法，如水族谚语“吃一口，吐一盆”，指吞下丁点不义之财将会以千万倍来赔偿，就形象地体现了因小失大、大小相互转化的朴素辩证思想；又如“极度狂欢，大祸来临”，反映乐极生悲的朴素辩证哲理；又如“水软水钻山，石硬石成灰”、“蛇身不弯行路难”、“恨耗子吃米，不能把仓都烧掉”等谚语，反映事物对立面相互转化的朴素辩证原理。在水族机智人物故事、动植物故事里，通过以弱胜强、以小胜大的诸多艺术形象，也表现了人的主观能动性和弱强转化的思想。

后记

2012年盛夏，我刚从外地出差回来，便接到广西壮族自治区民族事务委员会民族政策研究室一位领导同志的通知，说中国人口出版社有个国家出版项目——中国少数民族人口丛书水族卷写作任务要我承担。我当时犹豫了片刻，原因是广西水族人口较少，缺乏全面性和代表性，建议由水族人口较多的兄弟省学者来完成此项课题。那位领导同志很快理解我的心思，于是具体说明该项目写作的一些要求，即该课题不同于一般的研究，而是要求既保持历史的真实，又要不拘泥于一般的叙述，要有一定的文学色彩，增强可读性。他还说，由于时间紧，任务重，来不及考虑更多，而我以往不仅从事民族文化研究，而且有点文学创作的基础，也写过一些水族的东西，手头材料还比较丰富。听了他一段赞美性的说明，我也没有更多的考虑，只好“恭敬不如从命”，把任务承受下来。

出版社要求文字量不算太大，只需10万字，本人毕竟正式出版了十多二十本书，发表论文上百篇，照理完成任务不成问题。然而，要实现出版社上述两点精神，既符合历史，又带有一定的文学色彩，也确实不太容易。特别是我虽然手头有一定的水族文化历史资料，但因为毕竟书面的东西，也就是说“二手资料”尚缺乏感性认识。

为了获得更多的资料，特别是掌握一些感性知识，我用节假日时间，到广西、贵州和云南三省区水族地区进行田野考察。此间，有不少热心人主动协助我，为我提供诸多的方便和材料。广西罗城仫佬族自治县旅游局干部、当年我的学生黎炼女士，利用周末和其他节假日，不辞劳苦，翻山越岭，深入水族村寨进行实地调查。为了拍摄几张水族照片，她曾不止一次地徒步六七十华里的山路，前往水族山寨，撷取当地水族同胞许多生动形象的镜头。与此同时，还为我提供了不少的文字资料，充实我手中的材料。

贵州省三都水族自治县，是全国最大的水族居住区，也是水族人口最集中的县份。深秋时节，我带着我的助手到该县考察。一进入三都境内，便受到该县民族局、水族文化研究所、县志办公室、县博物馆领导和工作人员的大力支持和热情接待。他们派出专人，为我们做向导，给我们引路、当翻译。在生活上，给我们以无微不至的关怀和照顾。博物馆和研究所相关同志为我们提供了诸多的照片和文字资料，供我参考和引用，为我顺利完成本课题的研究和写作，打下坚实、良好的基础。经过考察和采访，我深深感到水族是个很有特点的民族，其悠久灿烂的文化历史，浓郁的民俗民风，精美绝伦的民族民间工艺，还有诸多具有特色的文化设施和旅游景点，都给我留下了很深的印象，增强了完成此项任务的信心和决心。

本书写作引用了不少前人研究的成果，特别是潘朝霖、韦宗林二位主编的《中国水族文化研究》和黄桂秋撰写的《水族民间故事研究》给了我很大的启示和帮助，在此表示诚挚感谢！

我还要真诚感谢上述点到的和没有点到的有关单位和相关人员给予我的极大支持和帮助！并欢迎大家多多赐教。

王光荣

2014 年元旦　于南宁市明秀东路 175 号